VOCAÇÕES

NOVOS MERCADOS

Carla Siqueira

arteensaio

VOCAÇÕES

NOVOS MERCADOS

Carla Siqueira

ARTE ENSAIO EDITORA LTDA. ©, 2016

COORDENAÇÃO EDITORIAL
Arte Ensaio Editora
Rafaella Roque

TEXTO
Carla Siqueira

REVISÃO DE TEXTO
Cristina Parga

PROJETO GRÁFICO
Bruno Tatsumi

DESIGN
Renato Mininel

IMAGEM DE CAPA
Matthias Ritzmann/ Getty Images

PESQUISA ICONOGRÁFICA
Ileana Pradilla Ceron
Camila Santana

PRODUÇÃO
Rebecca Mattos

TRATAMENTO DE IMAGENS
Pato Vargas

CAPTAÇÃO DE RECURSOS
Artemidia Marketing Cultural

IMPRESSÃO E ACABAMENTO
Gráfica Santa Marta

–

ARTE ENSAIO EDITORA LTDA. ©, 2016
TEL//FAX: (21) 2259-8282 / (11) 2307-8777
www.arteensaio.com.br | arteensaio@arteensaio.com.br
Todos os direitos reservados para Arte Ensaio Editora Ltda.
All rights reserved to Arte Ensaio Editora Ltda.

CIP-BRASIL. CATALOGAÇÃO NA PUBLICAÇÃO
SINDICATO NACIONAL DOS EDITORES DE LIVROS, RJ

S628v

    Siqueira, Carla
      Vocações : novos mercados / Carla Siqueira. – 1. ed. – Rio de Janeiro : Arte ensaio, 2016.
      180 p. : il. ; 23 cm.

      ISBN 978-85-60504-83-1

      1. Profissões – Desenvolvimento. 2. Orientação profissional. I. Título.

16-34933　　　　　　　　　　　CDD: 779.9981
　　　　　　　　　　　　　　　CDU: 77.047(815.61)

22/09/2014　25/09/2014

REALIZAÇÃO

ÍNDICE

1. Tatuador 11
2. Grafiteiro 45
3. DJ 71
4. Animador 99
5. Profissional de cinema 125
6. Atleta radical 155
7. Desenvolvedor de jogos digitais 191
8. Blogueiro e youtuber 221
9. Consultor de imagem 247
10. Cozinheiro 271
Bibliografia e fontes 296
Créditos de imagens 300

APRESENTAÇÃO

"O QUE VOCÊ VAI SER QUANDO CRESCER?"

Aos seis anos, se a gente responde "bailarina" ou "astronauta", todo mundo acha lindo. Mas, à medida que nos aproximamos da vida adulta, é comum restringirmos nossas aspirações a um conjunto de profissões consideradas mais convencionais, adequadas ou, simplesmente, possíveis. Esse livro parte da ideia de que o século XXI nos apresenta novas perspectivas. Algumas delas são fruto das inovações tecnológicas, que inventaram novas profissões e impulsionaram outras existentes. Há também aquelas que são resultado da batalha dos seus profissionais, que conquistaram o reconhecimento de atividades que antes estavam à margem do mercado, trazendo-as para o centro das atenções.

Por exemplo, hoje grafiteiros, tatuadores e DJs têm status de artistas. E são mesmo. Basta observar a sofisticação de seus trabalhos. E são também profissão e mercado, cada vez mais especializados. Esse livro quer ajudar o jovem a compreender essas e outras possibilidades. Apresentamos, ao todo, dez profissões. Para cada uma buscamos construir um panorama sobre a área, ouvindo diferentes profissionais. Trajetórias de vida que ensinam muito. O objetivo é mostrar a amplitude dessas atividades, que têm interessado às novas gerações. Tentamos, assim, contribuir para um conhecimento mais sólido sobre o processo de formação, o mercado e suas especializações. Vale, ainda, fazer um comentário sobre o título do livro: *Vocações*. Aqui a ideia de vocação não deve remeter, de modo algum, a uma noção de predestinação. Pense em vocação como um conjunto de habilidades e interesses. Esse livro investiga como habilidades e interesses podem se tornar profissões de sucesso. Vem com a gente!

TATUADOR

"TATUAGEM HOJE É STATUS, COMO SE FOSSE UMA JOIA. SIGNIFICA QUE VOCÊ É MODERNO. É SINÔNIMO DE PERSONALIDADE."

Sérgio Maciel, o Led's

Há muito a tatuagem saiu do gueto. Segundo o Sindicato das Empresas de Tatuagem e Body Piercing do Brasil (Setap-BR), o segmento vem crescendo 20% ao ano. O 1º Censo Brasileiro de Tatuagem, realizado pela revista *Super Interessante*, com mais de 80 mil entrevistados, revelou que o público consumidor da tatuagem no país tem, em média, entre 19 e 25 anos, possui ensino superior e ganha bem. Um mercado promissor e já reconhecido internacionalmente. Ami James, um dos mais famosos tatuadores do mundo e estrela de reality shows como o *Miami Ink* e o *NY Ink*, declarou que o Brasil, ao lado dos Estados Unidos e da Inglaterra, é referência em tatuagem e que em pouco tempo estará em primeiro lugar.

DESDE QUE O MUNDO É MUNDO

Em 1991, tatuagens feitas há cerca de 5 mil anos ocuparam as páginas dos jornais de todo o mundo, quando o corpo congelado de um homem foi descoberto nos Alpes Italianos, na fronteira com a Áustria. Oetzi, como foi apelidado, também conhecido como "o homem de gelo", tinha 50 tatuagens em seu corpo, geralmente linhas e cruzes. Segundo os pesquisadores, elas certamente eram um tratamento para aliviar a dor. Incrivelmente, as áreas tatuadas combinam com linhas de acupuntura, uma técnica que se acredita ter sido criada 2 mil anos depois, na Ásia.

Outras múmias tatuadas já foram encontradas em diferentes partes do planeta, provando que a trajetória da tatuagem remonta à pré-história da humanidade. É o caso de múmias egípcias do sexo feminino, como a de Amunet, que teria vivido entre 2160 e 1994 a.C. e apresenta traços e pontos inscritos na região abdominal. Um indício de que a tatuagem, no Egito Antigo, poderia ter relação com cultos à fertilidade.

"Um dos objetivos seria permitir ao indivíduo registrar sua própria história, carregando-a na pele em seus constantes deslocamentos", explica a artista plástica Célia Maria Antonacci Ramos, da Universidade do Estado de Santa Catarina (Udesc), autora do livro *Teorias da Tatuagem*. A prática se espalhou pelas diferentes partes do mundo, com finalidades diversas, como a ornamentação, a distinção de grupos sociais, a marcação de prisioneiros e escravos, e como parte de rituais religiosos.

No livro do explorador Marco Polo, ele registra o uso da tatuagem por povos observados em suas viagens pelo Oriente, no século XIII. No Ocidente, o Cristianismo proibiu expressamente a tatuagem, no Antigo Testamento. A tradição foi redescoberta em 1769, quando o navegador inglês James Cook aportou no Taiti e descreveu o costume em seu diário de bordo: "Homens e mulheres pintam seus corpos. Na língua deles, chamam isso de tatau. Injetam pigmento preto sob a pele de tal modo que o traço se torna indelével". O escritor Herman Melville, autor do clássico *Moby Dick*, que viveu aventuras incríveis como "visitante" de uma tribo de canibais na Polinésia, registrou também sua fascinação diante das tatuagens em seu livro *Typee*, de 1846.

Em seu livro *A Descendência do Homem*, de 1871, o naturalista Charles Darwin escreveu que a tradição da tatuagem entre os aborígenes era encontrada desde a Nova Zelândia até o Polo Norte. A máquina elétrica de tatuar foi inventada em 1891 por Samuel O'Reilly, baseado em um aparelho criado por Thomas Edison. A partir daí, o hábito se popularizou nos Estados Unidos e na Europa.

Charles Wagner e a máquina elétrica de tatuagem, c.1905.

Tatuagem tradicional de henna em casamento na Índia.

EM TODA PARTE

Sempre existiu gente tatuada, em diferentes pontos do planeta:

TAITI

No Taiti, acredita-se que foram os deuses que ensinaram aos homens a arte de tatuar. Por isso, sua execução deve seguir à risca uma liturgia especial. Os homens podem tatuar o corpo todo, enquanto as mulheres só podem marcar o rosto, os braços e as pernas. Na Polinésia, em geral, a tatuagem costuma ser usada como forma de distinguir as diferentes classes sociais.

JAPÃO

No Japão, as sessões podem durar anos até os desenhos cobrirem o corpo todo, com exceção das mãos e dos pés. A prática, porém, ficou associada à organização mafiosa Yakuza, onde era sinal de coragem e fidelidade ao grupo. Uma curiosidade japonesa é a kakoushibori, uma tatuagem oculta, feita com óxido de zinco. O desenho aparece apenas em certas circunstâncias: por exemplo, quando o tatuado está sob efeito de alguma excitação – em seguida ao ato sexual, após um banho quente ou quando alcoolizado. Nessas situações, a tatuagem ressurge com um contorno vermelho.

ÍNDIA

Além da tatuagem, a Índia desenvolveu também a chamada mehndi, pintura corporal com o pigmento natural de henna. Esses desenhos são temporários e costumam ser usados em ocasiões especiais, como casamentos.

NOVA ZELÂNDIA

Os desenhos espiralados da tatuagem moko dos Maori, os nativos da Nova Zelândia, tinham o objetivo de distinguir entre as diferentes classes sociais. Cada espiral simbolizava um nível hierárquico. Ao voltar das guerras, os Maori guardavam as cabeças de seus inimigos mais poderosos. Quanto mais nobres, mais desenhos cobriam-lhes o rosto.

CELTAS

O povo tribal, que ocupou uma parte da Europa ocidental em meados de VI a.C até o século I a.C, deixou traços de sua cultura principalmente na Irlanda, no País de Gales e na Escócia. Como suas cerimônias reverenciavam a arte corporal, a pintura do corpo era importante para simbolizar suas crenças e valores. A pintura permanente era feita com a woad, planta tipicamente europeia de pigmento azul. Os desenhos mais comuns eram as espirais, que podiam ser simples, duplas ou triplas.

DO MARGINAL AO MAINSTREAM

Ao longo da história, as tatuagens estiveram frequentemente associadas a comportamentos marginais. Na França do século XVIII, criminosos ganhavam uma pintura na pele – às vezes uma marca com ferro quente – registrando o crime que tinham cometido. Na Inglaterra, cravavam-se as iniciais "BC" – *bad character* – na pele dos condenados. Ainda hoje, em presídios do mundo inteiro, os próprios detentos se tatuam para indicar a facção à qual pertencem ou o tipo de crime cometido.

Na Europa, artistas começaram a ganhar dinheiro como tatuadores a partir da segunda metade do século XIX, como o inglês Sutherland MacDonald, desenhista oficial do rei Eduardo VII. Mas a tatuagem ainda permanecia no terreno do marginal e do exótico. No início do século XX, pessoas tatuadas participavam como atração de espetáculos circenses, ao lado de anões e mulheres barbadas.

No entanto, ao longo do século XX, foi se processando a mudança radical: a tatuagem saiu do gueto e caiu no gosto de todos. Hoje não há fronteiras sociais ou etárias para seus adeptos. Num tempo marcado pela massificação, a tatuagem passou a ser também um artifício de diferenciação individual.

MADE IN BRAZIL

A tatuagem chegou aqui pelas mãos do ex-marinheiro dinamarquês Knud Harald Lykke Gregersen (1928-1983), mais conhecido como Lucky Tattoo, que 1959 desembarcou no

Betty Broadbent fez fama apresentando-se em circos e feiras nos Estados Unidos, entre os anos 1930 e 1960.

Tatuagem feita pelo Led's.

TATUADOR

porto de Santos. Filho de um famoso tatuador, Lucky Tattoo rapidamente fez sucesso no litoral paulista. Nos anos 1960, a explosão do rock e de uma cultura jovem contestatória, nos Estados Unidos e na Europa, ajudou a impulsionar a moda também por aqui. Artistas cultuados usavam tatuagens, como Janis Joplin e Jim Morrison.

No Brasil, os surfistas foram os anfitriões da tatuagem no meio da classe média urbana. Entre eles, José Artur Machado, o Petit, inspiração da música *Menino do Rio*, de Caetano Veloso, em que o cantor cita seu "dragão tatuado no braço". Na onda da contracultura, a tatuagem ganhou seu lugar entre nós. Lojas especializadas começaram a surgir no Rio, em São Paulo, em Salvador e em outras capitais. Em 1979, o italiano Marco Leoni fundou o primeiro estúdio de São Paulo, o Tattoo You. Ainda em funcionamento, o estúdio pertence hoje a Sergio Pisani e continua sendo um dos mais importantes do mercado brasileiro.

TRADIÇÃO QUE SE RENOVA

Hoje o ramo da tatuagem já está consolidado e conta com profissionais experientes, sempre atentos à expansão do mercado. Criado em 1982 por Sérgio Maciel (o Led's) em São Paulo, o Led's Tattoo é um dos maiores estúdios de tatuagem do Brasil. Com 14 tatuadores em sua equipe, atende cerca de 30 pessoas por dia. Também oferece outros serviços especializados, como remoção de tatuagens, cobertura de cicatrizes e reconstrução de aréola mamária de pacientes que fizeram mastectomia. O espaçoso sobrado tem ainda um café e um espaço cultural.

Localizado na sofisticada rua Oscar Freire, também em São Paulo, o estúdio Soul Tattoo Art & Café pertence a Paulo Sérgio Affonso, o Paulão Tattoo, outro pioneiro da tatuagem no Brasil. Assim como o Led's Tattoo, aposta na diversificação dos serviços oferecidos. Além de executar todos os estilos de tatuagem, Paulão Tattoo exerce trabalhos de cobertura de tatuagens antigas e cicatrizes, contorno de lábio, design de sobrancelha fio a fio e correção da cor. O lugar conta com uma galeria de arte, um café e um espaço para a venda de joias e moda.

ENTREVISTA

— SÉRGIO MACIEL, O LED'S —

Há 35 anos, quando Sérgio Maciel, conhecido como Led's, começou a tatuar, era tudo mais difícil. Além do preconceito em relação à tatuagem, havia a dificuldade de conseguir informação e equipamento. Mas ele viu essa maré virar. Ou melhor – foi um dos responsáveis pela proeza.

Como você começou a tatuar?

Eu sempre gostei de desenhar e pintar. Quando conheci a tatuagem, no início da década de 1980, estava envolvido com a arte da pintura em telas e me identifiquei muito com aquilo, pois vi que poderia colocar as técnicas do desenho e da pintura na pele. Na época, tive contato com um excelente tatuador aqui de São Paulo, o Sérgio Sonsini, e aprendi muito com ele.

Nessa época era tudo muito difícil e tive que correr atrás, buscando pessoas que viajavam para o exterior e que pudessem trazer equipamentos de qualidade. Eu me dediquei muito a estudar os temas da tatuagem para me adequar à linguagem dessa arte. Foram muitos meses desenhando e enfim comecei a tatuar em peles de leitão e em couro de peixe! Foi a forma que encontrei para treinar, antes de começar a tatuar em pele humana.

Led's em seu estúdio.

Há muito tempo você conjuga as tarefas de tatuador e de empresário. Quais são as suas preocupações no gerenciamento do estúdio?

Hoje o mercado está muito exigente. É fundamental ter organização, disciplina e bom atendimento para se manter nesse negócio. No Led's Tattoo investimos em qualidade e estrutura. Possuímos um espaço de 850 metros quadrados e uma equipe com 14 tatuadores, três recepcionistas, faxineira, seguranças e um técnico em procedimentos de assepsia e esterilização dos instrumentos. Temos ainda um departamento técnico para trabalhos com laser, um departamento administrativo e outro de marketing e assessoria de imprensa.

Que conselho você daria a um jovem que quer ser tatuador?
Primeiramente, tem que dedicar muito tempo a desenhar e a estudar a linguagem da tatuagem, para aprender os traçados e sombreados. Além disso, é preciso estudar arte, em todos os seus aspectos e formas.

ENTREVISTA
—————— DANIEL TUCCI ——————

Quando a cantora Lady Gaga e a modelo e atriz Cara Delevingne estiveram no Brasil, com quem elas quiseram se tatuar? Com Daniel Tucci. Aos 41 anos de idade e há 23 como tatuador, Daniel é um dos profissionais mais respeitados e badalados do Brasil. É ele o responsável pelos desenhos de Luana Piovani, Cléo Pires, Marcelo D2 e Falcão (d'O Rappa). Em seu pequeno estúdio em Copacabana, no Rio de Janeiro, ele atende no máximo três pessoas por dia e a agenda está lotada por vários meses. E, uma vez por ano, ele tatua em um estúdio na Noruega. No carioca King Seven Tattoo, Daniel tem dois sócios – Sylvio Freitas e Ganso Galvão – e outros quatro tatuadores na equipe. Em média, o estúdio recebe mais de 100 clientes por mês. Ele calcula que já tenha tatuado cerca de 10 mil pessoas.

Quando Daniel começou nessa atividade, "tatuagem ainda era coisa de gueto". Assim como a maior parte dos tatuadores, aprendeu tudo na prática, trabalhando no estúdio de um amigo. De lá pra cá, a tatuagem saiu do gueto e viveu um processo de intensa popularização. Além disso, num mundo conectado em rede, o público tem acesso à informação e torna-se exigente. Para se destacar nesse mercado, o profissional precisa estar sempre atualizado, buscando novas referências e aprimorando seu traço.

Como o tatuador iniciante aprende a tatuar e forma sua clientela?

Lá fora, na Europa principalmente, isso acontece de uma forma mais organizada do que aqui. Lá, o aspirante a tatuador faz um contrato de 3 a 5 anos, para aprender a profissão, sem remuneração. Ele faz serviços diversos no estúdio, enquanto aprende a tatuar. E, na medida em que for aprendendo, vai começar a tatuar e a formar sua clientela, ganhando por isso. O contrato é uma garantia para o estúdio, isto é: a garantia de que o cara não vai se mandar depois de aprender e sim vai ficar trabalhando lá durante aqueles anos determinados em contrato, como contrapartida pelo aprendizado. É assim que funciona na Europa. Na verdade, é assim que funciona aqui também, mas no Brasil não tem essa formalidade do contrato. Aqui é na base da confiança mesmo. Atualmente, por exemplo, tenho aqui no meu estúdio dois tatuadores aprendizes. Provavelmente eles vão começar tatuando os amigos deles, até formarem uma clientela.

Existem cursos de tatuagem?

Existem, mas não acho que você vai aprender a tatuar em uma semana. O caminho é passar alguns anos em um estúdio, aprendendo no dia a dia.

Como funciona um estúdio de tatuagem que reúne diferentes profissionais?

Aqui na King Seven Tattoo nós somos sete tatuadores, cada um com a sua especialidade. Se chega um cliente querendo fazer uma tatuagem maori, nós vamos encaminhá-lo para o artista que melhor faz esse tipo de tatuagem, que é o Ricardo Xarope. Eu, por exemplo, não faço maori. É estratégico ter artistas com diferentes especialidades.

Esse grau de especialização sempre existiu nesse mercado?

Não. Quando eu comecei, há mais de 20 anos, o tatuador fazia todo tipo de tatuagem. Se o cliente queria tribal, você fazia tribal. Se o cliente queria dragão, você fazia dragão. Eu acho que é um aprendizado legal, pois você aprende a fazer de tudo. Mas hoje, os artistas mais novos estão se especializando desde cedo. E eu acho que desde cedo demais. É importante, no começo, ter essa experiência mais geral.

Como você faz para aprimorar o seu traço?

Hoje em dia, com a internet, ficou muito fácil buscar referências. Com um clique você tem acesso ao trabalho dos melhores tatuadores do mundo. Da mesma forma, se você quiser comprar um material de ponta para trabalhar, você encontra na internet e em 4 ou 5 dias já está na sua casa. Antigamente era tudo muito difícil. Trazer equipamento do exterior era complicado, poucas bancas vendiam revistas estrangeiras de tatuagem... hoje ficou tudo mais fácil e até por isso o profissional também tem que ser melhor, pois o cliente também tem esse acesso à informação.

Quais são suas referências na tatuagem hoje?

É difícil dizer, pois excluir existem muitos profissionais bons. No tradicional, eu gosto do Eckel. O Filip Leu é um cara mais antigo, que revolucionou um pouco. Outro muito legal é o Robert Hernández.

E as suas referências na arte?

Acho que os pintores e escultores clássicos. Por exemplo, para o realismo em preto e branco, você usa como referências as estátuas, como a Pietá e estátuas de anjos. Acho que a arte clássica está mais presente na tatuagem do que a arte moderna e contemporânea.

E como começou o seu trabalho em artes plásticas?

Eu sempre pintei, desenhei, fotografei, mas a certa altura quis levar esse lado das artes plásticas mais a sério. Fiz um curso sobre processo criativo com o Charles Watson e fiz outro de desenvolvimento de projeto em arte contemporânea com o Franz Manata, ambos na Escola de Artes Visuais do Parque Lage. E então comecei a desenvolver um trabalho de arte em paralelo ao meu trabalho de tatuagem. E hoje sou representado pela Galeria Artur Fidalgo, aqui do Rio.

TATUAGEM É ARTE

A marca dos melhores tatuadores é a excelência na arte do desenho e a formação artística. Uma das pioneiras na parceria das artes plásticas com a tatuagem foi a americana Ruth Marten, hoje com 63 anos. Ainda em atividade – é considerada uma das melhores do mundo –, transformou seu trabalho em performance durante a 10ª Bienal de Paris, em 1970, quando fez uma sessão de tatuagem no Museu de Arte Moderna.

 "Tatuagem nada mais é que uma outra técnica de desenho, num outro suporte", diz Daniel Tucci. Ele lembra que sempre gostou de desenhar, desde criança. Também foi assim com a jovem tatuadora Luiza Fortes. Luiza entrou em contato com a arte desde cedo, incentivada por sua avó, a artista plástica Lygia Pape. Começou a desenhar quando criança e nunca mais parou. Aos 11 anos já pintava com aquarelas e passou mais de uma década produzindo quadrinhos japoneses na revista independente *Taari*, distribuída como fanzine e vendida em convenções. Hoje Luiza tem seu próprio estúdio, o Art Line Tattoo Studio, no Rio de Janeiro, onde a fila de espera para ser tatuado por ela é de um ano. Tatuagem é uma arte, complexa e delicada, e tanto Luiza Fortes quanto Daniel Tucci atendem, em geral, duas pessoas por dia.

ENTREVISTA
LUIZA FORTES

Luiza estudou Desenho Industrial e, após sua formatura na universidade, iniciou a carreira de tatuadora profissional, em 2009. Desde então, busca evoluir a partir do exemplo de grandes tatuadores, como Mauro Nunes, Eckel e Gogue, além de outros artistas, como Alphonse Mucha e Ayami Kojima. Luiza expôs seu trabalho em convenções internacionais – como a Hamburg Tattoo Convention (2012) – e nacionais, onde foi premiada diversas vezes como artista revelação e por seus trabalhos nos estilos abstrato, new school e oriental. Tatuou em estúdios no Rio de Janeiro (Art Factory), Berlim (B52), Londres (King's Cross Tattoo) e Hamburgo (Tattoo Nouveau).

Como foi o começo da sua carreira?

Eu estava fazendo faculdade de Desenho Industrial e então conheci o Sandro, que hoje tatua no Ipanema Ink. Ele me chamou para trabalhar no estúdio dele, fiquei um tempo e depois fui para outros estúdios. Comecei com 17, mas sempre parava por um período para me dedicar à faculdade, por isso digo que comecei a tatuar mesmo com 21 anos.

Em pouco tempo o seu trabalho já é reconhecido e inclusive você tatuou fora do Brasil.
Como foi essa experiência?

Fui fazer um curso na Alemanha e tatuei em um estúdio por lá. Aconteceu a mesma coisa quando fui pra Londres. Na minha última vez na Alemanha, em Hamburgo, fui como convidada e passei um mês. Agora em 2014, tatuei em Estocolmo. Costumo, ao menos uma vez por ano, fazer intercâmbio em outros países e estúdios, onde vejo as novidades de materiais, máquinas, etc. Na tatuagem, como em qualquer outra profissão, você não pode parar de se atualizar. Ou vai se tornar obsoleto rapidamente. Ainda mais com a internet, tudo é muito rápido.

Como acontece o trabalho no exterior?

Normalmente você trabalha como convidado em um estúdio. A equipe de lá monta uma agenda e ao chegar você já tem uma clientela. É bom para sair da zona do conforto, lidar com outra concorrência. Te empurra mais para a frente.

Como você lida com o cliente?

Tento lidar com o cliente da maneira como eu mesma gostaria de ser tratada. Como a tatuagem para muitos tem um significado, e é um momento especial, procuro fazer o máximo para que seja uma experiência agradável. Na primeira vez que o cliente vai à loja conversar, mostro os procedimentos e explico cada passo. No dia de fazer a tatuagem, o ambiente é sempre limpo e calmo (sem música alta), ofereço algo para beber, tenho uma área fechada no estúdio para as clientes do sexo feminino ficarem mais à vontade para tatuagens íntimas, e forneço meu celular para alguma emergência pós-tatuagem. São "mimos" que alguns estúdios não se importam em fazer, mas acredito que faça parte de todo o "show". Como em qualquer estabelecimento que lida com clientes, aparece todo tipo de gente. Saber lidar com todos faz parte do trabalho. Mesmo que a tatuagem seja hoje considerada uma forma de arte, é também um serviço ao cliente.

Você tem outros três tatuadores trabalhando em seu estúdio. Como funciona isso?

Tem estúdios em que o dono é o chefe. Eu nunca quis isso. No meu estúdio, cada tatuador tem seus clientes e seus horários. Não fiscalizo o horário de ninguém. Se eles tatuarem, é bom para eles. Se não, sozinha consigo manter a loja e meus custos de vida sem problemas. Cobro deles uma porcentagem baixa, como se fosse um "aluguel" do espaço. Somos uma equipe, mas cada um cuida de si.

É importante participar de feiras e convenções de tatuagem?

Sim, esses eventos são importantes para haver uma troca entre os tatuadores e fazer o seu trabalho conhecido. As principais são as convenções de Londres e de Amsterdam.

Que tipo de cuidados o tatuador precisa tomar em seu trabalho?

Assim como os dentistas e os médicos, os tatuadores têm contato com sangue. Além da preocupação com o cliente, é preciso preocupar-se consigo mesmo. Contaminação cruzada é algo perigoso e é necessário prestar atenção, pois pode levar à contaminação de outro cliente ou mesmo do tatuador. Por isso, além dos cuidados com a esterilização dos equipamentos e assepsia do local, nunca tatuo cansada, sem dormir, ou preocupada demais com algo além do trabalho. É arriscado, não posso me descuidar. Mesmo que meus clientes preencham uma ficha dizendo que não têm alguma doença, alguns podem às vezes nem saber. É preciso seguir todas as normas de biossegurança e assepsia.

Como é a sua rotina de trabalho?

É sempre corrida. A loja funciona durante a semana, das 14h às 21h, mas na verdade eu trabalho praticamente de domingo a domingo. Quando não estou tatuando, estou respondendo e-mails ou preparando desenhos para os clientes, o que leva bastante tempo.

Onde você busca inspiração e como faz para aprimorar seu traço?

Busco sempre inspiração em toda forma de arte. Seja em outros tatuadores, em artistas clássicos ou em artistas de quadrinhos (minha base para o desenho). E para aprimorar o traço, apenas treinando sempre, sem parar. Talento é esforço e treino. E nunca achar que "chegou lá", senão você fica estagnado.

Que conselho você daria para quem quer ser um tatuador?

É uma profissão onde só depende de você para se destacar. Não é fácil. Não há cursos, não há mestrados. Há ainda algum preconceito (sempre a diminuir, mas ainda há), e muitos profissionais no meio. Para se destacar é difícil, mas não impossível.

Bournemouth Ink Tattoo Convention, na Inglaterra.

CONVENÇÕES DE TATUAGEM

Na Europa, a agenda é intensa: acontecem de duas a três convenções de tatuagem por fim de semana. No Brasil, há eventos de tatuagem em várias cidades ao longo do ano. A programação mundial (incluindo eventos brasileiros) pode ser consultada no site World Tattoo Events (www.worldtattooevents.com). Os objetivos das convenções são popularizar a arte da tatuagem junto ao público e promover o intercâmbio entre os profissionais. Podem ser um bom lugar para quem está começando, ou quer começar nessa atividade, conhecer mais sobre esse universo. Nelas também acontecem concursos, nos quais são premiados os melhores tatuadores, o que é um caminho para o reconhecimento profissional.

Esses eventos são também, é claro, um terreno importante para os fabricantes de tintas, máquinas e outros equipamentos divulgarem seus produtos. Alguns tatuadores de maior destaque, por exemplo, são patrocinados por esses fabricantes. Ganso Galvão, sócio de Daniel Tucci no King Seven Tattoo, é patrocinado por uma marca de máquina de tatuagem e participa de convenções internacionais, tatuando no stand da empresa.

A convenção brasileira Tattoo Week é a maior da América Latina. A mais antiga é a Brazilian Tattoo Convention, que já está em sua 14ª edição. É conhecida entre os tatuadores como "a convenção do Led's", por ter sido criada pelo profissional paulista. A Tattoo Week SP de 2014 recebeu mais de 40 mil visitantes e contou com 325 expositores, sendo que 30 deles eram estrangeiros. Participaram artistas da Polinésia, Alemanha, Itália, Espanha, Portugal, Áustria, Estados Unidos, Austrália, Argentina, Uruguai e Japão.

Minero em ação.

TATUADOR GLOBETROTTER

Há quem prefira ficar trabalhando na tranquilidade de seu estúdio. Mas a verdade é que a profissão de tatuador permite uma considerável mobilidade. É prática corrente entre os tatuadores trabalhar temporariamente em outros países. Minero, tatuador carioca de 34 anos, é um verdadeiro *globetrotter*: ele passa sete meses por ano na Europa, fazendo o circuito das principais convenções e tatuando em estúdios dos países por onde passa.

Tatuador há nove anos, Minero explica que está investindo no aprimoramento da sua arte. Mas entrar no circuito das grandes convenções e dos estúdios europeus não foi fácil. Ele ficou dois anos na fila de espera para ser aceito na convenção de Barcelona. Hoje passa meses pulando de convenção em convenção e já estabeleceu relações de trabalho com estúdios de 10 países.

Para conseguir um stand em uma convenção de tatuagem, é necessário submeter seu portfólio aos organizadores. Mas é preciso também haver stand disponível, o que é

bem difícil nos eventos mais disputados. Entre todas, a convenção de Londres é a mais importante. "É muito impressionante. Parece um grande show de rock: milhares de pessoas se aglomeram nos portões, e quando eles abrem é aquela loucura!", conta Minero, que está na fila há cinco anos.

TODO CUIDADO É POUCO

Todo tatuador deve ter a consciência de que não é apenas um artista. Ele se torna também o responsável pela saúde de quem o procura. A função de fiscalizar os serviços oferecidos por estúdios de tatuagens é dos órgãos de vigilância sanitária estaduais e municipais. Todo o processo de tatuar pode transmitir sérias doenças se não for feito corretamente. De acordo com as normas da vigilância sanitária, os estabelecimentos que não se enquadram nas regras são multados e perdem o alvará de funcionamento. Os clientes devem ficar atentos e verificar, principalmente, as condições de higiene do estúdio.

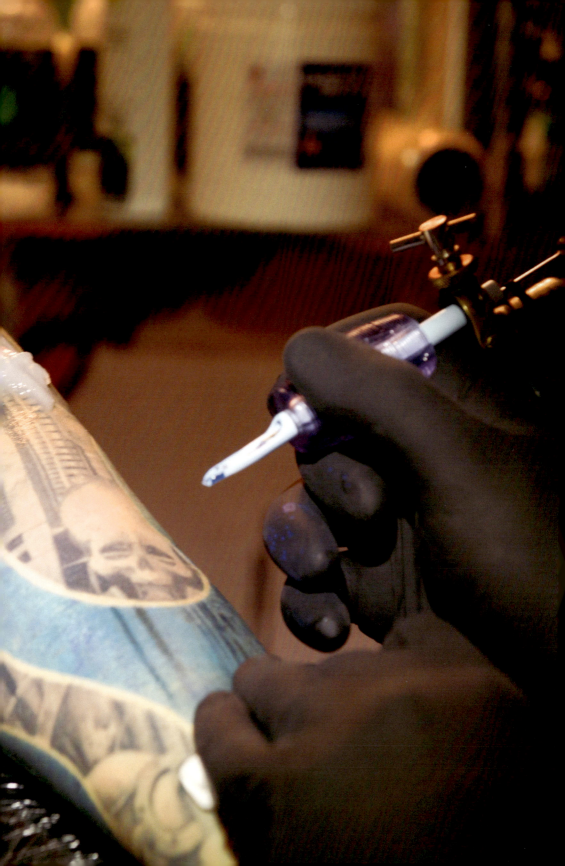

O ambiente deve ser limpo, bem ventilado e livre de contaminações externas. Durante o processo da tatuagem, o profissional deve usar luvas descartáveis, óculos ou máscaras de proteção. As agulhas devem ser descartáveis ou passar por um teste biológico para certificar a esterilização do material e evitar o contágio de doenças, como HIV/aids e hepatites. O ideal é que o tatuador abra a embalagem das agulhas na frente do cliente, para mostrar que o material está em ordem. É imprescindível que materiais como o jato, partes da máquina de tatuagem e pinças ou alicates sejam esterilizados na autoclave. Só podem ser usadas pelo tatuador as marcas de tinta aprovadas pela Agência Nacional de Vigilância Sanitária (Anvisa).

Essas são só algumas das normas de biossegurança e assepsia a serem seguidas pelos tatuadores. Cabe aos profissionais conhecerem as orientações dos órgãos de vigilância sanitária de seu estado e município, zelando pela saúde de seus clientes e também pela sua.

PARA SABER MAIS SOBRE O UNIVERSO PROFISSIONAL DOS TATUADORES

LIVROS

Tattoo history: a source book, de Steve Gilbert (Juno Books, 2000)

Tatuagem, piercing e outras mensagens do corpo, de Leusa Araújo (Cosac Naify, 2005)

Teorias da tatuagem, de Célia Maria Antonacci Ramos (Editora da Udesc, 2001)

O Brasil tatuado e outros mundos, de Toni Marques (Rocco, 1997)

Tatuando histórias – Os bastidores de um estúdio de tatuagem, de Rosa Miller (Baraúna, 2012)

SITES

http://tattoos.com

http://www.almanaquedigital.com.br

http://www.worldtattooevents.com

http://sp.tattooweek.com.br

GRAFITEIRO

"FUI CRIME. SEREI POESIA"

Nos muros das cidades.

Em 2008, os brasileiros OSGEMEOS e Nunca foram convidados a grafitar painéis de 25 metros de altura na fachada do Tate Modern, um dos mais importantes museus de arte moderna do mundo. À beira do rio Tâmisa, em Londres, os enormes grafites compunham a exposição Street Art, da qual também fizeram parte os artistas Blu (Itália), JR (França), Sixeart (Espanha) e o coletivo Faile (EUA). OSGEMEOS também já expuseram sua arte no Museu do Louvre e no Museu de Arte Moderna de Tóquio, o que revela dois fenômenos indiscutíveis: o primeiro, que o grafite alcançou, definitivamente, o status de arte; e o segundo, que o grafite brasileiro também chegou lá.

DAS CAVERNAS AOS MUROS

"Desde a pré-história, o homem come, fala, dança e grafita", disse uma vez Maurício Villaça, um dos precursores da arte do grafite no Brasil. As pinturas rupestres nas paredes das cavernas são os primeiros exemplos de grafite que encontramos na história. A palavra grafite vem do italiano *graffito*, que significa inscrição ou desenho de épocas antigas, toscamente riscados a ponta ou a carvão, em rochas, paredes, etc.

Já na primeira metade do século XX, pintores mexicanos – como Diego Rivera, José Clemente Orozco e David Alfaro Siqueiros – decoravam edifícios públicos, utilizando-se das técnicas da pintura mural. A adesão dos pintores aos murais de grandes dimensões estava diretamente ligada ao contexto social e político do país, marcado pela Revolução Mexicana de 1910 a 1920. Após 30 anos de ditadura militar, o movimento revolucionário desejava construir uma nação moderna e democrática. Nesse contexto, o muralismo mexicano tinha um sentido político-ideológico e pedagógico: as grandes pinturas narravam a história do país de forma acessível, ocupando os lugares públicos e rompendo os círculos restritos de galerias, museus e coleções particulares.

No Brasil, as influências do muralismo mexicano podem ser sentidas nas obras de Di Cavalcanti (1897 - 1976) e Candido Portinari (1903 - 1962). Di Cavalcanti, por exemplo, fez o painel *Alegoria das Artes* (1950), de 48 metros de largura por oito metros de altura, na fachada do Teatro Cultura Artística, em São Paulo. Portinari também

Grafite de OSGEMEOS na fachada da Tate Modern.

realizou diversos projetos para painéis, como *Jangada do Nordeste* (1953) e *Seringueiro* (1954), encomendados pelos Diários Associados.

O grafite contemporâneo tem raízes no muralismo da primeira metade do século XX e também na Pop Art dos anos 1960 em diante, quando alguns artistas buscaram fazer uma arte popular (pop), que se comunicasse diretamente com o público, por meio de imagens retiradas da cultura de massa e da vida cotidiana. A defesa do popular traduziu uma atitude artística contrária ao hermetismo da arte moderna. O papa do movimento foi Andy Warhol. Suas múltiplas apropriações da imagem da lata de sopa Campbell são exemplos marcantes da proposta da Pop Art.

Keith Haring e Jean Michel Basquiat, que virariam grandes nomes da Pop Art e discípulos de Andy Warhol, começaram no grafite, pintando nas ruas e nos metrôs de Nova York. Foram não só precursores do grafite contemporâneo, mas também do seu reconhecimento artístico, levando-o da rua para as galerias, os museus e as bienais de arte, nos anos 1980.

A CULTURA DAS RUAS

Criada nos Estados Unidos nos anos de 1970, a arte do grafite sempre teve relação com a realidade das ruas e buscou retratar a opressão vivida pelos grupos menos favorecidos e marginalizados da sociedade. Também foi nas ruas que nasceram outras formas de expressão, como o hip hop e a break dance. Juntos, o grafite, o hip hop e o break formaram a arte de rua que começou a ganhar corpo nos anos 1980.

Artistas hoje consagrados, OSGEMEOS e Eduardo Kobra viveram a chegada da cultura hip hop ao Brasil naquela década. Começaram fazendo pichações, participaram de grupos de break dance e chegaram ao grafite. Os gêmeos Otávio e Gustavo Pandolfo fizeram parte de um grupo de break, o Street Warriors. Aos 13 anos começaram a grafitar e, gradualmente, tornaram-se uma das influências mais importantes na cena paulistana, ajudando a definir um estilo brasileiro de grafite.

Campbell's Soup, de Andy Warhol.

ENTREVISTA
EDUARDO KOBRA

Nascido em 1976 na periferia de São Paulo, no bairro do Campo Limpo, Eduardo Kobra não teve acesso a boas escolas e faculdades, mas acreditou em um sonho: ganhar as ruas com seus desenhos. Seu talento conquistou os muros de São Paulo, Rio de Janeiro, Atenas, Lyon, Londres, Nova Iorque, Los Angeles, Moscou e Tóquio, entre outras cidades pelo mundo. A primeira influência de Kobra foram os grafiteiros americanos das décadas de 1970 e 1980, como Jean Michel Basquiat e Keith Haring. Depois descobriu-se muralista, sob o impacto das obras dos mexicanos Diego Rivera e David Alfaro Siqueiros. Mas não foi um caminho fácil: "Já fui chamado de vândalo, de vagabundo. Mas as coisas mudaram. Após 27 anos dedicados à arte de rua, hoje me chamam de artista".

Conte sobre o seu primeiro contato com o grafite.

Meu primeiro contato com a arte de rua se deu em 1987, na periferia de São Paulo. Fiz pichações durante cinco anos e, nesse período, me associei a um grupo de break dance, o Jabaquara Breakers. Foi no movimento hip hop que conheci o grafite. Como eu já havia sido detido três vezes pela polícia por causa das pichações, resolvi mudar e fui na direção do grafite, ainda que essa arte também fosse considerada ilegal naquela época.

Como encontrou o seu estilo?

Sou autodidata, e durante anos apenas reproduzi imagens de outros artistas, desde paisagens até retratos, passando por diferentes estilos de pintura, do contemporâneo ao clássico. Isso me deu suporte e experiência para desenvolver meu próprio trabalho. Tudo o que eu fazia estava intimamente ligado à cultura de rua dos Estados Unidos, e isso passou a me incomodar. Como sou colecionador de livros antigos, criei o projeto

Muros da Memória, pintando "portais" para cidades do passado. Isso me deu base para desenvolver um trabalho autoral.

Onde busca referências e inspiração?

As fontes são inesgotáveis. Quando visito uma cidade ou país, vou a muitas galerias de arte, museus, acervos iconográficos e bibliotecas. Busco também fotos de acervos pessoais. Dessa forma, consigo renovar constantemente minhas forças. Quando me deparo com fotografias históricas, ou cenas que remetem a cidades do passado, isso me dá vigor para recriá-las, trazendo para as ruas imagens que, muitas vezes, ficaram esquecidas em algum armário.

A partir de que momento sua arte passou a ser reconhecida?

São 27 anos pintando nas ruas, e estou subindo os degraus lentamente. A cada nova experiência, a cada novo mural, conheço pessoas diferentes, que me levam para outros universos. Esta é a magia de pintar livremente nas ruas: você nunca sabe o que vai acontecer no dia seguinte.

Como surgiram os convites internacionais?

São Paulo tem alguns artistas relevantes no cenário mundial da street art. Ao longo do tempo, publicações em revistas, matérias de TV e outros veículos de mídia facilitaram o conhecimento do público sobre a arte de rua na cidade. Somado a isso, a internet também facilitou o surgimento de convites vindos de todo o mundo.

Que sugestões você daria ao jovem que deseja viver do grafite?

O primeiro passo é a total dedicação. O caminho é difícil, como em tudo, mas é possível com pesquisa, estudos e muito trabalho. Visar diretamente o dinheiro é um erro. É preciso visar primeiro a evolução do desenho, e isso é uma tarefa infinita.

Oscar Niemeyer por Eduardo Kobra, em São Paulo.

Grafite de Eduardo Kobra em Moscou retrata a bailarina russa Maya Plisetskaya.

ENTREVISTA
TOZ

Toz, ou Tomaz Viana, é um dos grafiteiros mais conhecidos do cenário de arte contemporânea no Brasil. Os cariocas reconhecem facilmente o seu estilo nos muros da cidade. Nos anos 1990, ele foi um dos pioneiros do grafite no Rio de Janeiro, quando fazia parte do grupo Fleshbeck Crew. No momento em que a cultura hip hop saía dos guetos, os cinco amigos de faculdade transformaram o hobby em profissão. Tomaram de assalto diversos pontos da Zona Sul carioca e, de quebra, fizeram dos desenhos a sua fonte de renda. Produziram uma capa de CD para o Marcelo D2, vinhetas e aberturas de programas para os canais GNT, Multishow e SporTV e estampas para a grife de biquínis Blue Man. O passo seguinte foi a criação de uma grife própria. E dali não pararam mais.

Toz não faz mais parte do Fleshbeck Crew. E, desde 2010, ele é um dos artistas representados pela galeria Movimento. Seus quadros já integram coleções particulares importantes, ao lado de obras do quilate de Volpi e Di Cavalcanti. Mas nem todo grafiteiro alcança esse reconhecimento. Muitos são fantásticos nas ruas, mas não conseguem se inserir no mercado de arte, que demanda um processo criativo diferente do imediatismo do spray.

"Hoje há um grande espaço profissional para os grafiteiros, que podem levar sua arte para outros tipos de telas e ganhar dinheiro com isso. A intervenção urbana foi apenas a primeira aplicação da arte. Tudo mudou muito nos últimos anos", explica Toz. E, com o intuito de aproximar os jovens do grafite, ele criou o projeto PAZ – Paredes Art Zone, que promove oficinas com grafiteiros dentro das salas de aula de escolas públicas. Ao final do curso, os alunos cobrem os muros do colégio com suas obras.

Como você se envolveu com o grafite?

Na verdade, foi através da música. Eu gostava de rap e de toda a cultura hip hop e assim cheguei ao grafite.

Quantos anos você tinha?

Comecei a me interessar pelo grafite com 19 anos. Com 22 anos eu já tinha um escritório de design, onde misturava design e grafite, uma coisa que ainda não existia muito no Brasil. A gente queria misturar grafite, computação gráfica, animação... e começamos a ser muito requisitados por causa da nossa linguagem, que era jovem, para produzir para marcas que queriam falar com este público jovem. Isso foi uma tendência mundial a partir dos anos 1990: usar a linguagem das ruas, da street art. A gente surgiu dentro dessa tendência, que acabou levando a linguagem street a um público mais amplo.

Como surgiu o Fleshbeck Crew?

Éramos colegas na faculdade de Design Gráfico e resolvemos montar um escritório no apartamento de um dos caras. Nós todos tínhamos em torno de 20 anos. E estávamos grafitando na rua numa época em que ninguém fazia isso aqui no Rio. O grafite começou em Nova York nos anos 1970, chegou em São Paulo nos anos 1980, mas aqui no Rio só nos anos 1990. Os publicitários começaram a nos procurar para fazer trabalhos. Ao mesmo tempo, continuamos grafitando nas ruas e assim nossos desenhos foram sendo aprimorados, e cada vez mais chamando a atenção de profissionais da publicidade, da moda, do cinema etc., que nos requisitavam. A linguagem street invadiu tudo e a gente estava ali, na hora certa, e conseguiu abocanhar esse mercado, atendendo a essa procura. Hoje isso mudou: há vários outros grafiteiros trabalhando para esses mercados.

A faculdade foi importante?

Sim, a faculdade de Design Gráfico nos ensinou várias coisas, inclusive algumas que foram importantes para a montagem do negócio: fazer planejamento, fazer orçamento, etc. Aos

24 anos, a gente já tinha um escritório de design com secretária, estagiários, e já estávamos fazendo a capa do disco do nosso ídolo, que era o Marcelo D2. Mas estávamos naquela posição confortável, de jovens talentosos, e não nos sentíamos na obrigação de terminar a faculdade. Daquele grupo, só eu me formei. E foi muito útil para mim. Por exemplo, hoje eu posso registrar meus personagens como pessoa física e não como empresa. Isso é uma conquista dos designers, que têm o direito de assinar suas criações.

E como foi a sua passagem do design para as artes plásticas?

Quando eu terminei a faculdade, já estava cansado de trabalhar com design, pois estava nisso há anos. Fiquei dez anos com o Fleshbeck Crew. Do grupo, acho que eu era quem mais tinha uma preocupação autoral. E fui buscar isso. Nós vendíamos roupas criadas pelo Fleshbeck Crew em uma loja e comecei a colocar lá também umas telas que eu pintava. E as telas passaram a vender mais que as roupas. Até que chegou lá um cara de uma galeria de arte e começou a comprar as minhas coisas. Foi aí que entrei nesse mundo das artes plásticas e passei a conviver com os artistas. Eu não sabia quem eles eram, mas passei a estudar sobre eles e a observar as suas obras. Isso me ensinou a estruturar melhor o meu trabalho, mesmo no grafite.

Que conselho você daria ao jovem que quer começar a grafitar?

Grafite se aprende na rua.

"Insônia na mata". Óleo e spray sobre tela, de Toz.

ENTREVISTA

CARLOS BOBI

Carlos Bobi é um dos criadores do maior evento de arte urbana do mundo, o Meeting of Favelas (MOF). Em 2014, o MOF reuniu mais de mil artistas do grafite em Duque de Caxias, na Baixada Fluminense (RJ). Criado em 2006, o evento tem atraído participantes de diferentes estados do Brasil e de outros países, como México, Chile, África do Sul, França, Colômbia, Alemanha e Argentina. Com os parceiros André Kajaman, Marcio Bunys e Wesley Combone também criou o Espaço Rabisco, onde ensinam a arte do grafite.

Como tudo começou?

Fui pichador em 1999, aos 15 anos, e logo conheci o grafite. Um amigo meu tinha um primo que morava em São Gonçalo. São Gonçalo foi onde nasceu o grafite aqui no Rio de Janeiro, com o Fábio Ema e o Akuma. E esse cara conhecia muitas pessoas do grafite lá. Ele também me mostrou umas revistas de grafite e eu comecei a copiar, desenhando nos cadernos da escola. Já em 2000 eu comecei a grafitar.

Como teve a ideia de montar uma escola de grafite?

Quando trabalhei como desenhista da marca Addict, fui também instrutor de oficinas de grafite. Naquela época, surgiu o desejo de ter um espaço próprio para desenvolver a minha arte. Eu já fazia parte de um grupo de grafiteiros, o Posse 471 (com André Kajaman, Marcio Bunys e Wesley Combone), e com eles abri o Espaço Rabisco em 2009, numa sala comercial em Copacabana. Em média temos uns 20 alunos por mês. O curso completo dura 8 meses, mas alguns alunos ficam mais tempo, aprimorando suas técnicas. Além disso, o Espaço Rabisco também faz pinturas de interiores, em residências e lojas.

Fale um pouco sobre o Meeting of Favela.

Em 2006, o encontro internacional de grafite Meeting of Styles (MOS) foi realizado no Rio. Mas seu funcionamento — aberto apenas para artistas convidados — gerou insatisfação entre os grafiteiros locais, que ficaram de fora. André Kajaman, que estava organizando um mutirão de grafite na Vila Operária, em Duque de Caxias, logo após o MOS, começou a se referir ao evento, meio de brincadeira, como o Meeting of Favela (MOF), convidando os excluídos e dizendo que lá os muros estavam abertos a quem chegasse. Tivemos

Grafite de Carlos Bobi.

pouco mais de 50 participantes em 2006. Em 2007, já foram mais de 300. Agora, já passam de mil. É só chegar e pedir autorização ao dono do muro. A comunidade adora, fica perguntando quando vai ser o próximo.

Que outros eventos de grafite são importantes no Brasil?
O Recifusion, em Recife; o Street of Styles, em Curitiba; e o Encontro Niggaz e a Bienal Internacional de Grafite, ambos em São Paulo.

Panmela Castro une grafite e luta feminista.

GRAFITE POR UM MUNDO MELHOR

O fascínio exercido pelo grafite tem sido usado por alguns artistas em seu ativismo social. Fábio Ema é da turma de São Gonçalo que introduziu o grafite no Rio de Janeiro, na década de 1990. Criou o coletivo Fábrica de Arte e Cidadania (FAC), que hoje coordena duas escolas de grafite, uma na Lapa e outra em Manguinhos, voltadas para jovens de comunidades pobres. A intenção é usar o grafite para a afirmação da autoestima desses jovens em situação de vulnerabilidade social.

Panmela Castro usa o grafite para a conscientização sobre os direitos das mulheres. Panmela é graduada em pintura pela Universidade Federal do Rio de Janeiro e mestre em Artes pela Universidade Estadual do Rio de Janeiro. Durante seu casamento, foi vítima de violência doméstica. Separada do marido, criou a Rede Nami, um projeto de ação social através de oficinas de grafite para mulheres. Seu trabalho vem sendo apoiado por grandes empresas, como a Avon.

Os grafites de Panmela trazem sempre a temática feminista e chamaram a atenção da organização Vital Voices, fundada pela então primeira-dama Hillary Clinton, nos Estados Unidos, e da Diller Von Furstenberg Family Foundation, da estilista Diane Von Furstenberg. Ambas premiaram a iniciativa. Hoje, murais pelos direitos das mulheres desenvolvidos por Panmela também podem ser vistos em cidades como Nova York, Paris, Istambul, Tel-Aviv, Toronto e Johanesburgo, além de vários pontos do Rio de Janeiro.

GRAFITE É LEGAL

Hoje o grafite brasileiro é reconhecido e está entre os melhores do mundo. Muitas polêmicas, porém, envolvem a arte urbana. A principal delas é a distinção do grafite, que tem como base a arte e geralmente é feito com autorização, da pichação, que é eminentemente proibida e está presente nos muros, monumentos e edifícios. Em 2011, a presidente Dilma Rousseff sancionou a lei 12.408, que descriminalizou o ato de grafitar e estabeleceu a proibição de comercialização de tintas em embalagem aerosol para menores de 18 anos.

Andy Warhol e Jean-Michel Basquiat por Eduardo Kobra, em Nova York.

A lei 12.408 diz que "não constitui crime a prática de grafite realizada com o objetivo de valorizar o patrimônio público ou privado mediante manifestação artística, desde que consentida pelo proprietário e, quando couber, pelo locatário ou arrendatário do bem privado e, no caso de bem público, com a autorização do órgão competente e a observância das posturas municipais e das normas editadas pelos órgãos governamentais responsáveis pela preservação e conservação do patrimônio histórico e artístico nacional".

Já a pichação continua sendo ilegal: "Pichar ou por outro meio conspurcar edificação ou monumento urbano: Pena – detenção, de 3 (três) meses a 1 (um) ano, e multa. § 1o Se o ato for realizado em monumento ou coisa tombada em virtude do seu valor artístico, arqueológico ou histórico, a pena é de 6 (seis) meses a 1 (um) ano de detenção e multa".

PARA SABER MAIS SOBRE O UNIVERSO PROFISSIONAL DOS GRAFITEIROS

LIVROS

O que é graffiti, de Celso Gitahy (Brasiliense, 1999)

Grafite, Pichação & Cia, de Célia Maria Antonacci Ramos (Annablume, 1994)

Iconografias da metrópole: grafiteiros e pichadores representando o contemporâneo, de Sérgio Miguel Franco (FAU/USP, dissertação de mestrado, 2009)

O mundo do graffiti: arte urbana dos cinco continentes, de Nicholas Ganz (Martins Fontes, 2010)

Grafite/pichação: circuitos e territórios na arte de rua, de Rosane Cantanhede (IACS/UFF, dissertação de mestrado, 2012)

SITES

http://puregraffiti.com/art

http://www.graffiti.org

http://www.bombingscience.com

http://www.fatcap.com

DJ

**"QUASE TODO MUNDO SABE
TOCAR DISCOS, MAS UM
GRANDE DJ IMPRESSIONA
PELO CONHECIMENTO, PELA
SENSIBILIDADE, PELO TIMING."**

Bill Brewster, DJ e escritor

O que é um DJ? Alguém que faz as pessoas dançarem. Mas, hoje em dia, essa atividade cresceu. Envolve diferentes atuações, em função do ambiente, do público e/ou do tipo de música. Há especializações: o DJ das grandes festas eletrônicas, o DJ de casamento, festas de 15 anos e afins, o DJ que anima baladas diversas... e há também desdobramentos: muitos hoje não apenas tocam a música, mas compõem e produzem. Isso quer dizer que o mercado é vasto. Mas vencer nesse meio requer, justamente, conhecimento musical (é claro) e, também, a compreensão do que seu público deseja. Como já disse o DJ Patife, um dos mais respeitados do Brasil e também lá fora:

"O DJ tem uma grande responsabilidade. Ele tem que ter jogo de cintura, estar em sintonia com o público, senão está fadado ao fracasso. Tanto no set como na festa. O DJ tem que ter sensibilidade. Eu costumo dizer que se ele tiver um bom feeling, se souber fazer uma boa seleção musical, não precisa de técnica nenhuma. Não adianta uma baita técnica se você não conseguir emocionar as pessoas. Eu preciso ver a pista balançar e o povo vibrar. Se um dia eu perder isso, vou ter que arranjar outra profissão."

A MEGA INDÚSTRIA DA EDM (ELETRONIC DANCE MUSIC)

Todos querem ser Calvin Harris. Ou David Guetta. A cena eletrônica internacional chegou a níveis astronômicos e, segundo a lista de 2014 da revista americana Forbes, os dois são os DJs mais bem pagos do mundo. O ranking dos rendimentos anuais das grandes estrelas da música eletrônica mundial ficou assim:

1. Calvin Harris (66 milhões de dólares)
2. David Guetta (30 milhões de dólares)
3. Tiësto (28 milhões de dólares)
4. Avicii (28 milhões de dólares)
5. Steve Aoki (23 milhões de dólares)
6. Afrojack (22 milhões de dólares)
7. Zedd (21 milhões de dólares)
8. Kaskade (17 milhões de dólares)

9. Skrillex (16.5 milhões de dólares)
10. Deadmau5 (16 milhões de dólares)

Nesse cenário, o DJ que apenas toca a música dos outros já é passado. Eles são também produtores e compositores. Calvin Harris já produziu músicas para Florence Welch e Rihanna. Guetta já colaborou com The Black Eyed Peas, Usher, Jennifer Lopez, Snoop Dogg e Madonna. O disco *18 Months*, de Harris, vendeu 25 milhões de singles e emplacou nove sucessos no "Top 10" do Reino Unido, ultrapassando o recorde de Michael Jackson.

Calvin Harris em Nova York, em 2015.

David Guetta: um dos DJs mais bem pagos do mundo.

ESQUEÇA A BOSSA NOVA

"Esqueça a Bossa Nova, o Brasil é o novo país da música eletrônica". Com esta afirmação a revista *Forbes* definiu, em 2012, a realidade do Brasil no contexto da e-music. No ano seguinte, a *DJ Mag*, a bíblia da cena eletrônica internacional, elegeu o Green Valley, de Santa Catarina, como o melhor clube de música eletrônica do mundo. Fatboy Slim, Alok e Steve Aoki, entre outros, já tocaram lá. Ao mesmo tempo, DJs brasileiros, como Patife, Marky e Marcelo CIC, conquistaram reconhecimento fora do Brasil.

A história do DJ Marky confunde-se com a própria evolução da música eletrônica no Brasil. Ele pertence à primeira safra de DJs brasileiros que se tornaram conhecidos mundialmente, e foi o responsável, nos anos 1990, pela disseminação de ritmos como o jungle e o drum'n'bass, bases de seu trabalho até hoje. O sucesso da faixa *LK* abriu caminho para uma turnê no Reino Unido, impulsionando uma carreira que já dura mais de duas décadas. Marky conquistou residências em festas pelas grandes capitais, como Londres, Paris, Tóquio e São Paulo. Entre as produções que já assinou, estão mais de 100 lançamentos em vários formatos, meios e gêneros, incluindo remixes para Everything But the Girl, Claude Von Stroke, Fat Boy Slim e Deadmau5. Seu álbum *The Brazilian Job* é considerado uma das melhores compilações de todos os tempos e foi lançado pela inglesa Fabric, um dos clubes noturnos (e também selo) mais importantes do meio. Marky tem também uma gravadora, a Innerground Records.

DJ Patife também foi importante na profissionalização da atividade no Brasil. Sua aproximação da música se deu no movimento black em São Paulo, com os grupos de hip hop e break dance. Começou discotecando nas festas da escola e do bairro no final dos anos 1980. "Naquela época", ele conta, "era tudo mais difícil: os discos e equipamentos eram muito caros e nossas únicas referências de informação eram os DJs das rádios e as galerias de discos de São Paulo. Hoje, com o advento tecnológico, tudo ficou mais acessível: a música, o equipamento e a informação".

Em 1995 Patife começou a tocar profissionalmente, na boate Arena Music Hall, e três anos depois deu um passo ousado, que acabou impulsionando a nossa história: viajou para a Inglaterra levando seu material de DJ e conseguiu, através dos produtores da festa Movement, autorização para representar o evento no Brasil. Foi assim que o Drum'n'Bass chegou aqui. Hoje Patife toca muito mais no exterior do que no Brasil e para plateias que chegam a 70 mil pessoas.

O Green Valley, de Santa Catarina, é considerado um dos melhores clubes da cena eletrônica mundial.

ENTREVISTA

MARCELO CIC

Nascido no Rio de Janeiro, em 1983, o DJ e produtor Marcelo CIC alcançou o mercado internacional em 2005, com suas produções em diversos selos de house e techno. No ano de 2006, o carioca fez parte do line-up do Festival Mayday, em Budapeste. Sua passagem pelo evento foi aclamada por mais de 60 mil pessoas. Após esse show, Marcelo CIC carimbou seu passaporte para grandes eventos como: XV Jogos Pan Americanos, Skol Beats 2007/2008, Rio Parade, Ceará Music, Heineken Thirst, LG Music Festival, Chemical Music Festival, MOB Festival, Creamfields Brasil e Rio Music Conference, entre outros. Já dividiu a cabine com os principais nomes mundiais e nacionais, como David Guetta, Steve Angello, Axwell, Fatboy Slim, Armin van Buuren, Calvin Harris, Avicii, Alesso e Hardwell.

Em 2008, CIC foi premiado como o melhor produtor de música eletrônica do Rio de Janeiro, pelo DJ Sound Awards, e indicado como DJ Revelação pela *Cool Magazine*. Atualmente, mantém sua carreira solo e também se apresenta com o trio Ask 2 Quit, projeto audiovisual no qual divide o palco com o DJ Leo Janeiro e o VJ Vagalume. Em 2014 Marcelo CIC foi contratado pela gravadora Universal Music, o que o coloca, definitivamente, no mesmo patamar de um David Guetta.

Como e quando você começou como DJ?

Meu pai era gerente de boates no Rio de Janeiro e, por isso, desde muito cedo tive acesso a esse ambiente. Aos 16 anos, eu já tocava em festinhas particulares e nas matinês das boates. Minha mãe costumava me arrancar de lá, com medo que eu me atrasasse para a aula no dia seguinte!

E quando você começou a tocar música eletrônica?

Comecei a tocar música eletrônica por volta de 2002. E em 2009 saí do techno, do underground, e fui para a EDM.

Quantos shows você faz por ano?

Desde 2009, a média é de 150 shows por ano, juntando as minhas apresentações individuais e as do Ask2Quit.

Como foi o começo da sua carreira como produtor?

Sempre tive vontade de tocar minhas próprias músicas, e isso me levou para a produção. Comecei a mexer com softwares ainda muito novo e fiz alguns cursos, que me deram essa formação em produção musical.

Onde você estudou produção musical?

Eu fiz um curso no SAE Institute, em Miami, de produção musical e music business. Também estudei produção fonográfica, na Universidade Estácio de Sá, aqui no Rio. E sempre faço cursos online. Hoje em dia há muitos cursos online excelentes. Estou sempre me atualizando. Por exemplo, todo ano, quando vou a Miami para a Winter Music Conference, aproveito para me inteirar das novidades.

Quanto tempo você leva em média para produzir uma música?

Depende muito. Pode levar de 3 horas a uma semana. Nunca faço a música, mixo e masterizo no mesmo dia. Para cada etapa existe um intervalo de 1 a 2 dias, para finalizar o processo.

Que conquistas foram decisivas para o reconhecimento de sua carreira como DJ e produtor musical?

Tive 48 discos lançados por diversos selos europeus de 2005 até 2008. O resultado foi super positivo e consegui fazer duas turnês na Europa, além de tocar em grandes eventos. Além disso, minha faixa *Time for My Rhode* foi incluída no DVD de Carl Cox, onde o celebrado DJ inglês conta a trajetória de sua carreira. Carl Cox é "The King of the Night" para mim, ele é incrível. Todos os DJs deveriam ter 20 minutos de bate-papo com ele, antes de colocarem a sigla "DJ" antes do nome. Outra conquista importante foi quando a música *One*, criada por mim e pelo duo WAO (We Are One) chamou a atenção do holandês Hardwell, que fez questão de inseri-la em seu programa de rádio Hardwell On Air. O programa possui ouvintes nos quatro cantos do planeta e uma audiência superior a um milhão de "plays" a cada edição.

A tecnologia facilitou o acesso à produção musical. Qual a sua opinião sobre isso?

Acho que vivemos uma situação crítica. O principal site de vendas dedicado à música eletrônica disponibiliza, semanalmente, mais de 200 músicas. Mas 80% disso são músicas muito ruins. Há mashups, remixes e versões de baixíssima qualidade. Passo horas garimpando músicas em sites, para achar algo que se encaixe no meu set.

Como você avalia o Digital Deejaying e até que ponto ele pode, realmente, ser considerado uma técnica de discotecagem?

Acho que a técnica de mixagem vem antes do Digital Deejaying. Existe uma coisa que software nenhum consegue ter e isso se chama feeling. Não está junto do botão Sync. Isso realmente faz toda a diferença para um DJ. Não sou contra a tecnologia, basta utilizá-la de uma maneira certa e equilibrada. Temos referências no Brasil, como o Marky, que utiliza o Serato com a mesma técnica de seus vinis e toca-discos originais. Marky é um excelente exemplo para todos nós.

Qual é a situação dos artistas brasileiros de EDM no cenário internacional?

Hoje, dentro da EDM, temos artistas como Ftampa, Paniek, Bruno Barudi e Repow, que estão cada dia tendo mais visibilidade fora do Brasil, sendo respeitados e recebendo apoio dos maiores nomes do mundo. Fico feliz em fazer parte desta geração que sentiu a necessidade de exportar, de tornar real um sonho. Todos nós temos um sonho, resolvemos literalmente correr atrás dele, fazer o máximo possível para tentar realizá-lo. Acho que a motivação da galera é essa, é ver a coisa acontecer, ver o país entre os melhores.

Quais são suas referências musicais?

Meu gosto é bem eclético: vai de Barry White e Steve Wonder a Coldplay, jazz e música gospel. Dentro da música eletrônica gosto de Carl Cox, Steve Angello, Tiësto, Frank Knucles, Kenny Dope, Armand Van Helden, Eddie Thoneick e Axwell.

Que conselho você daria para quem quer ser DJ?

Primeiro, pensar bem se é isso mesmo o que quer, porque não é fácil. As pessoas veem só o lado do glamour, mas na verdade é um mercado muito competitivo e que nos impõe um ritmo de trabalho intenso. São muitas horas de trabalho no estúdio, são muitas viagens por mês e pode ser bem puxado. E hoje é muito importante que o DJ produza suas próprias músicas.

Qual é o lado ruim?

Há pessoas que ainda discriminam o nosso trabalho, pois associam o meio ao consumo de drogas. Mas é preciso dizer que isso mudou.

E o que é o mais gratificante?

O mais legal é o reconhecimento do público. E também ver a execução das suas músicas no show dos grandes nomes do meio, como um Hardwell.

Qual é a função do DJ?

Minha principal tarefa como DJ é levar alegria, diversão e informação para as pessoas, sem qualquer tipo de preconceito.

Marcelo CIC no Festival Federal Music, em Brasília.

O AGENCIAMENTO DE DJS

No universo da música eletrônica, os DJs são verdadeiros pop stars. E, assim como os demais grandes artistas da indústria do entretenimento (atores, cantores, etc.), também eles contam com a atuação de profissionais na administração de sua carreira. Marcelo CIC, por exemplo, é representado no Brasil pela agência Plus Talent. A empresa trabalha não só com o agenciamento de talentos, mas também com a curadoria de grandes eventos de música, dentro e fora do Brasil, como o XXXperience, o Dream Valley Festival e o Paradise Weekend, importantes na cena eletrônica.

No nível "top de linha" em que se encontra Marcelo CIC, além da agência, que vende seus shows, entram em cena também profissionais de gerenciamento de carreira. No caso dele, quem faz isso é a Dropperz Management. A empresa administra a marca Marcelo CIC. Sim, Marcelo CIC chegou ao patamar dos grandes DJs, cujas marcas geram inúmeros produtos. Talvez o caso mais extremo seja o DJ Avicci, que abriu um hotel em Miami, o The Avicci Hotel.

E NAS PICKUPS, AS MULHERES!

O número de mulheres comandando as pickups é cada vez maior. E as brasileiras têm se destacado, inclusive nos rankings internacionais. Em 2011, a lista das 100 melhores DJs do site da Shejay – a maior agência de mulheres DJs no mundo – trazia sete brasileiras.

No entanto, elas ainda são menos conhecidas e não faturam tanto quanto os homens. No ranking mundial da revista *DJ Mag* – a maior e mais respeitada publicação do gênero – há apenas duas mulheres entre os 100 melhores DJs: o duo Nervo, formado pelas gêmeas Miriam e Olivia Nervo. Enquanto isso, a participação feminina cresce no mercado e também nas escolas de DJs espalhadas pelo país. Na DJ Escola, que ministra cursos de DJ e produção musical em São Paulo, as mulheres já representam quase metade do número de alunos matriculados.

DE PROFISSÃO A NEGÓCIO

André Werneck é um dos profissionais mais requisitados do mercado brasileiro. Mas há 30 anos, quando ele começou a discotecar na noite carioca, o DJ ficava escondido numa cabine e as pessoas nem tinham ideia de quem estava colocando o som. Ser DJ não era considerado uma profissão, apenas um trabalho. Werneck atribui a mudança de status do DJ ao aparecimento de figuras como Fatboy Slim, que começaram a construir esse novo lugar, o de pop star. As pessoas passaram a ir a eventos para ver o DJ se apresentando. Mas a grande virada, explica, foi justamente o momento em que os DJs passaram a despontar também como produtores de música:

"Primeiro, nos anos 1990, mudou o perfil das casas noturnas, que passaram a receber um público mais jovem. Surgiram várias danceterias e nelas o DJ passou a ter mais destaque. E, mais recentemente, veio o reconhecimento definitivo, quando os grandes DJs viraram estrelas. Fatboy Slim é um exemplo dessa primeira geração de 'DJs superstars'. As pessoas passaram a ir aos eventos para verem os DJs se apresentando. Depois veio a segunda geração de DJs, como Bob Sinclair, que eram também – e, na verdade, principalmente – produtores de música. Foi nesse momento que Ibiza se tornou o paraíso dos amantes da música eletrônica. E essa música mais conceitual, que até então era underground, virou mainstream. Em seguida, bandas e artistas famosos da música pop se associaram a esses DJs, como foi o caso da parceria entre o The Black Eyed Peas e o David Guetta, que gerou o sucesso *I gotta feeling*. Os grandes festivais de música eletrônica também elevaram os DJs a um outro patamar e hoje eles cobram cachês mais altos do que o de muitas bandas importantes."

A trajetória de André Werneck ilustra a versatilidade da profissão de DJ e o seu amadurecimento enquanto negócio. Hoje ele tem uma empresa especializada em festas de casamento e faz uma média de 80 festas por ano, em diferentes partes do Brasil. Além de casamentos, toca também em festas de 15 anos e eventos corporativos.

André Werneck é uma grife nesse mercado. Isto é: firmou-se como uma marca de qualidade. O caminho para o sucesso foi a especialização e o aprimoramento do serviço oferecido. Além da música, Werneck oferece opções de atrações aos clientes, como dançarinos e grupo de percussão. Desde 2012, suas festas contam também com o Virtual Touch DJ, uma tela de vidro com projeção e controle touch screen, que também tem função para desenhar e escrever. O equipamento virtual permite que os convidados acompanhem – visualmente – o trabalho do DJ. Importado do Canadá, só Werneck o possui no Brasil.

O mercado de casamentos no Brasil tem movimentado cerca de 15 bilhões de reais por ano, segundo dados de 2013 a 2015. Isso impulsiona não só a atuação dos DJs, mas também de toda uma vasta gama de profissionais e empresas desse segmento, como cerimonialistas, serviços de buffet e de decoração, entre outros. No Rio de Janeiro, Otávio Taw, o DJ Taw, abriu em 1997 a Rastropop, uma agência de DJs voltada justamente ao atendimento do movimentado mercado de casamentos e outras festas particulares. A empresa, que durante muito tempo funcionou na casa dos pais de Taw, hoje ocupa um escritório em Ipanema e agencia 20 DJs. Taw é também músico e produtor musical e a Rastropop possui um selo fonográfico. Buscando a sinergia entre essas frentes de trabalho, a a empresa agencia seus artistas, que muitas vezes participam das festas como atrações especiais. É o caso da banda de percussão Batuque Digital.

"O DJ de festa [particular] é como um clínico geral: tem que saber de tudo um pouco, para poder atender às diferentes demandas do seu público. Mas é o DJ popstar o que enche os olhos dos jovens que querem ser DJs: 'quero ser David Guetta e tocar para as multidões'. O meu trabalho é mais de prestação de serviços, de tocar o gosto do freguês. E a verdade é que esse clínico geral está cada vez mais raro entre os jovens, e então os antigos se sobressaem", conta Taw, há 28 anos no mercado.

DJ Taw e sua agência Rastropop: apostando no mercado de festas particulares.

ENTREVISTA

DANIELA CALDELLAS

Daniela Caldellas forma a dupla Digitaria com Daniel Albinati. Eles começaram a tocar juntos como uma banda em Belo Horizonte, fazendo experimentos de dance music. O primeiro lançamento deles foi *Teen Years*, em 2006, pelo selo alemão Gigolo Records. O single se tornou um hit, e as coisas começaram a acontecer. A banda virou uma dupla, e, depois de muita ralação, eles entraram no circuito da música eletrônica internacional. Hoje tocam em todo o mundo, do Brasil à Rússia, de Ibiza a Istambul, em clubes, festas e festivais, como The Warehouse Project, Paradise no DC10, Creamfields, Lollapalooza, WeAreFestival, Dream Valley, D.Edge e Warung. O sucesso os levou para a Europa, onde moram atualmente.

Como você se tornou DJ?

Eu sempre me interessei por música, gostava de tocar instrumentos e quando era adolescente fazia parte de uma banda de rock. Em 2004 conheci o Daniel, que me ensinou a mexer nesses softwares de música eletrônica, mas foi só em 2006 que comecei a discotecar. Ou seja: comecei na produção musical e só depois fui ser DJ, o que é justamente o caminho inverso, pois em geral as pessoas começam como DJs e depois se tornam produtores musicais.

Como vocês foram conquistando espaço nesse mercado da música eletrônica?

A gente sempre foi muito ligado à cena underground. Logo o nosso trabalho ganhou destaque, porque foi lançado por um selo alemão e fomos fazer turnê fora do país. Então começamos a tocar pelo Brasil, mas ainda – na maioria das vezes – em casas muito pequenas, bem underground. Nesse início, inclusive, a gente ainda tinha outras atividades: o Daniel era psicólogo e eu estudava linguística. A gente não ganhava o suficiente para se manter através da música. Foi um início muito duro, de sair de Belo Horizonte para ir tocar em São Paulo de ônibus, carregando o equipamento, e precisar tomar banho na rodoviária! E isso para ganhar pouquíssimo dinheiro! Mas tínhamos muita vontade! Foi um tempo de muita persistência. E a gente dava um jeito fazendo outras coisas também. Eu, por exemplo, fazia trilha sonora para desfiles de moda. A gente ia se virando, até que aconteceu o pulo do gato em 2011.

Qual foi esse pulo do gato?

Conhecemos o produtor Jamie Jones, que hoje em dia é um dos maiores DJs do mundo, e mostramos para ele umas músicas nossas. É curioso isso, porque a gente não faz parte desse mundo milionário da EDM. Acho que foi uma mistura de sorte e persistência. Ele lançou nossas músicas e elas fizeram muito sucesso. Isso levou a gente para um outro nível. Foi um divisor de águas. Acabamos nos mudando para Barcelona.

Como é a vida profissional de vocês aí na Europa?

Trabalhamos com três agências, que são responsáveis por fazer o agendamento dos nossos shows, providenciar as passagens, cuidar dos contratos, receber os cachês, etc. Uma das agências atua no Brasil, outra na Espanha e outra na América Central e América do Norte. Tocamos principalmente no Brasil, no Reino Unido e na Espanha. É uma vida muito instável, pois é um mercado extremamente competitivo. Essa instabilidade é o lado negativo da nossa profissão. Se você dormir no ponto, vai ser ultrapassado pelos demais.

E como fazem para não perder espaço neste mercado?

A gente está sempre buscando ideias para criar coisas novas. Mas, infelizmente, hoje em dia às vezes prevalece muito mais o marketing do DJ do que a qualidade da música que ele produz. Outra coisa importante aqui na Europa é você estabelecer parcerias e passar a fazer parte de algum dos grupos que se reúnem em torno dos selos. Isso é bacana, pois o grupo de DJs e produtores ligados àquele selo se ajuda mutuamente, no sentido de fortalecer aquele selo na disputa com os demais.

Nesse meio prioritariamente masculino, há muito machismo?
Ser uma mulher nesse meio pode trazer alguns dissabores e existe machismo sim. Por fazer dupla com um homem, 95% das pessoas pensam que é ele quem está encarregado da maior parte do trabalho, quando na verdade tudo é muito bem distribuído entre os dois. Uma vez o Daniel ficou doente e eu fui discotecar sozinha. A primeira coisa que o promoter me perguntou foi se eu precisava de um DJ de apoio, para fazer as mixagens pra mim... creio ser muito mais difícil para uma mulher passar credibilidade e, quando você vai muito bem em uma apresentação, sempre tem aqueles que se impressionam porque 'é uma mina tocando...'. Mas isso está começando a mudar.

AS GRANDES FESTAS: UMA OUTRA SEGMENTAÇÃO DO MERCADO

Entre os DJs que tocam na noite, a tendência é a segmentação. Nos anos 1990, a chegada da música eletrônica apontou esse caminho, com os DJs especializados em house, techno e demais vertentes desse tipo de som. A música eletrônica também fez com que os DJs e as festas ficassem mais importantes do que as casas noturnas.

Nesse novo cenário, explica Marcelo Janot, o DJ precisou criar uma marca para a sua festa, uma identidade capaz de distingui-la das outras. Janot comandou uma das baladas mais longevas do Rio de Janeiro: a Brazooka, que durou de 2000 a 2011. Seu nicho? Só música brasileira. A Brazooka bombou e Janot foi escolhido para abrir o show dos Rolling Stones, na praia de Copacabana, onde se apresentou para cerca de 1 milhão de pessoas.

O DJ Lencinho também aposta no som nacional, com sua Festa da Música Tupiniquim. A festa nasceu há 5 anos, na Zona Oeste carioca, uma área tradicionalmente carente de eventos culturais. Hoje em dia, acontece também na Zona Sul. É organizada por um coletivo cultural, formado por Lencinho e quatro produtores, e tem uma estrutura que inclui ainda shows (de artistas como o rapper BNegão) e outras apresentações artísticas, como acrobacias e pintura. Uma festa-happening. O público-alvo é bem jovem, de 18 a 22 anos, "que está descobrindo a música brasileira", diz Lencinho. Ele explica: "Você envelhece, mas a festa não pode envelhecer, pois o público está sempre se renovando. Ela tem que se reinventar".

UM LONGO CAMINHO ATÉ O RECONHECIMENTO E A REGULAMENTAÇÃO

No livro *Todo DJ já sambou*, a jornalista Claudia Assef faz o mais completo histórico da profissão no Brasil. Os mais velhos irão lembrar da figura irreverente e simpática de Big Boy, da Rádio Mundial, que nos anos 1960 e 1970 introduziu as novidades do rock, do soul e do pop entre nós. Assim como nos EUA, o DJ brasileiro encontrou no rádio o ambiente inicial para se desenvolver. E ainda na década de 1970, os bailes contribuíram também para o sucesso de nossos primeiros DJs.

Mas somente em 2013 a profissão de DJ foi reconhecida pelo Ministério do Trabalho. Sob o código 3741-45, a atividade está assim descrita: "Configuram, operam e monitoram

DJ Janot e sua festa Brazooka: 11 anos só de música brasileira.

sistemas de sonorização e gravação; tratam e compilam registros sonoros de discos, fitas, vídeos, filmes etc. Criam projetos de sistemas de sonorização e gravação. Preparam, instalam e desinstalam equipamentos de áudio e acessórios. Os DJs executam músicas e arquivos sonoros e, para tanto, identificam o público, selecionam o repertório, sincronizam e mixam músicas para conduzir as pistas de dança, interagindo com o público".

A atividade foi reconhecida, mas a regulamentação ainda está em processo. Ela é mais complexa e está ligada a direitos e obrigações entre profissionais, contratantes e Estado. Em 2015, a presidente Dilma Rousseff vetou o projeto que regulamenta a profissão. O projeto de lei 322/2010 exigia a apresentação de certificado de curso profissionalizante para a obtenção, no Ministério do Trabalho, de registro profissional na área. O texto também estabelecia jornada de trabalho máxima de 6 horas diárias e 30 horas semanais e impunha limites à atuação de DJs estrangeiros. Na mensagem de veto, Dilma Rousseff argumentou que a Constituição assegura o livre exercício profissional, cabendo a imposição de restrições apenas quando houver a possibilidade de dano à sociedade.

ESCOLA DE DJ

Tradicionalmente, os Djs se fizeram na prática. Mas atualmente existem várias escolas de DJ pelo Brasil, algumas com mais de 10 anos de experiência. Os professores são DJs profissionais e nelas os alunos aprendem como operar os equipamentos e softwares, mas também sobre os estilos musicais e como pesquisar e montar um repertório. De olho na profissionalização do aluno, algumas escolas também ensinam técnicas de divulgação e de marketing pessoal. Alguns cursos bem considerados no meio são o IATEC (Rio de Janeiro e Fortaleza), a DJEscola (em várias cidades), a AIMEC (em Campinas e cidades do Sul do Brasil) e a Ban Eletronic Music Center (em São Paulo). Entre os bons cursos de produção musical online está o brasileiro Make Music Now. E para uma formação em produção musical no exterior, o SAE Institute e a Berklee College of Music figuram entre os melhores centros de estudo.

PARA SABER MAIS SOBRE O UNIVERSO PROFISSIONAL DOS DJS

LIVROS:

Todo DJ já sambou, de Claudia Assef (Editora Conrad, 2010)

Last night a DJ saved my life, de Bill Brewster e Frank Broughton (Headline, 1999)

SITES:

http://www.djhistory.com

http://djsound.virgula.uol.com.br

http://www.mixmag.net/brazil

http://djmag.com

ANIMADOR

"O CINEMA DE ANIMAÇÃO, DESDE OS SEUS PRIMÓRDIOS, EXPERIMENTOU E APRESENTOU UMA ARTE QUE SE ASSEMELHAVA MAIS À MAGIA."

Sávio Leite, animador

Disney, Pixar, DreamWorks. Esses nomes soam como palavras mágicas para aqueles que foram tantas vezes surpreendidos, seja pela imaginação, seja pela tecnologia, nas telas do mundo todo. Os filmes de animação arrastam milhões de pessoas ao cinema e geram lucros bilionários. Uma indústria que depende da extrema criatividade de seus integrantes. O brasileiro Carlos Saldanha faz parte desse universo tão instigante. Desde 1993 ele trabalha na Blue Sky, outro grande estúdio de animação americano.

Saldanha foi diretor dos filmes *A era do gelo 2*, *A era do gelo 3*, *Rio* e *Rio 2*, todos campeões de bilheteria. Em busca de talentos como ele, os multimilionários estúdios vão anualmente ao Festival Internacional de Cinema de Animação de Annecy, na França, para recrutar jovens profissionais. O evento é o mais importante do gênero no mundo e o Brasil vem fazendo bonito por lá. Em 2013 e 2014 dois longas de animação brasileiros receberam o prêmio principal: *Uma história de amor e fúria*, de Luiz Bolognesi, e *O menino e o mundo*, de Alê Abreu.

Em 2016, *O menino e o mundo* concorreu ao Oscar. O filme teve os direitos comprados por uma distribuidora americana, a GKids, e foi vendido para 20 países. Ou seja: a animação é hoje um dos mais potentes ramos da indústria audiovisual mundial e nós estamos no páreo.

UM SÉCULO DE HISTÓRIA

Tudo começou com *Kaiser*, a primeira animação brasileira, dirigida por Álvaro Marins, o Seth, e exibida nos cinemas em 1917. Mas só em 1953 foi realizado nosso primeiro longa de animação, *Sinfonia Amazônica*, de Anélio Lattini Filho, inspirado em lendas do nosso folclore. Eram tempos difíceis para a animação nacional e o diretor levou seis anos para concluí-lo. Nas décadas de 1960 e 1970, o gênero sobreviveu principalmente graças à publicidade. Os anúncios dos Cobertores Parahyba e das Casas Pernambucanas são clássicos dessa época. E foi o autor da animação dos Cobertores Parahyba, o nipobrasileiro Ypê Nakashima, quem fez o nosso primeiro longa de animação em cores, em 1972: o *Piconzé*. O filme demorou seis anos para ser concluído.

Outro nome importante da história da animação brasileira é Walbercy Ribas Camargo. Walbercy realizou seu primeiro filme de animação em preto e branco, aos 17 anos de idade, em 1959. Antevendo o crescimento do mercado publicitário, fundou em 1966 a Start Desenhos Animados Ltda. Ele dirigiu mais de 2000 comerciais animados e vários filmes educacionais para o Brasil e outros países. Walbercy criou personagens inesquecíveis, como a baratinha da campanha do inseticida Rodox. O comercial foi premiado no Festival de Veneza em 1972 e sua baratinha tornou-se o primeiro personagem brasileiro a fazer sucesso no exterior.

Com Maurício de Sousa, a animação brasileira ganhou novo impulso na década de 1980. Foram seis longas da Turma da Mônica entre 1982 e 1988. Na mesma época, uma nova geração de animadores entrava em cena, com nomes como Cao Hamburger, Marcos Magalhães e Otto Guerra. Em 1982, Magalhães recebeu o prêmio especial do júri em Cannes por seu curta *Meow!*. Ele foi (e ainda é) uma figura fundamental na popularização da animação brasileira. Em 1985 participou do acordo de cooperação Brasil-Canadá, como responsável pela implantação do primeiro curso profissional de animação realizado no país. Além de formar animadores, a parceria com o National Film Board do Canadá também gerou núcleos regionais. Em 1993, Marcos criou, com Aída Queiroz, Cesar Coelho e Léa Zagury, o Anima Mundi, atualmente o maior festival de animação das Américas e um dos cinco maiores do mundo.

Cartaz do filme *Sinfonia Amazônica*.

Único fotograma hoje existente do filme *Kaiser*, de Álvaro Marins, o Seth.

ENTREVISTA

MARCELO MARÃO

Marcelo Marão é animador há 17 anos e uma das muitas crias do festival Anima Mundi, no qual foi espectador, monitor e animador participante. Foi um dos fundadores e é hoje diretor da Associação Brasileira de Cinema de Animação (ABCA). É autor de 12 curtas de animação.

Como se deu a evolução do mercado de animação no Brasil?

Quando entrei para a faculdade de Programação Visual em 1989, era mais viável trabalhar com histórias em quadrinhos do que com animação. Eu prestei vestibular já querendo fazer animação, mas sabendo que o caminho possível naquele momento eram os quadrinhos. Em 1993 surgiu o festival Anima Mundi, que na época era bem pequeno e exibia basicamente filmes estrangeiros, mas que traziam narrativas e estéticas diferentes do que a gente estava acostumado a ver na TV e nos longas infantis americanos. O objetivo do festival era estimular as pessoas no Brasil a produzir animações. Começou com uma sala de apenas 100 lugares e, mais de 20 anos depois, é o maior festival de animação do mundo em termos de público. Cada edição tem atraído mais de 100 mil pessoas. O evento teve um impacto enorme na formação de público e de novos profissionais, bem como na ampliação do universo de clientes para a animação, como é o caso do meio publicitário. Em seguida, a animação brasileira passou a ser selecionada pelo Festival de Annecy, o "Festival de Cannes da animação". Mas aqui no Brasil não tínhamos linhas de fomento, nem estávamos organizados.

E como começaram a se organizar?

Em 2003, fundamos a Associação Brasileira de Cinema de Animação. Nosso objetivo inicial foi justamente discutir com o Ministério da Cultura sobre possíveis formas de fomento. E conseguimos que o MinC criasse editais específicos para a animação. De lá pra cá, secretarias estaduais e municipais de cultura também criaram editais e com isso vimos que há um interesse em diferentes partes do Brasil. No Nordeste, por exemplo, há mais de uma década existe produção de material de nível internacional.

Como o surgimento da computação gráfica impactou o mercado de animação?

Quando a computação gráfica surgiu, muitos pensaram que quem não aprendesse os programas ia ficar para trás. Mas logo ficou claro que o que realmente importa é que a narrativa e a estética sejam boas, independente da técnica. Hoje tem gente que trabalha com 2D no papel, com 2D vetorial, com stop motion...tem espaço para todo mundo. Eu, por exemplo, trabalho com animação tradicional. Tradicional mesmo: lápis no papel, não uso nem o tablet. É o mais arcaico possível. Na época em que a computação gráfica apareceu, achei que seria excluído do mercado. No entanto, hoje faço trabalhos para a televisão e a publicidade, através de grandes estúdios, para os quais presto serviço.

A demanda recente de produção de séries de animação para a TV a cabo contribuiu para o crescimento e evolução das animações brasileiras?

Cada série para TV tem 52 episódios. Isso é um volume grande de produção, o que fez com que vários estúdios crescessem. Estúdios que tinham quatro pessoas trabalhando, passaram a ter sessenta profissionais. E tudo aconteceu muito rapidamente, o que criou uma demanda de formação de novos profissionais.

E como está hoje a formação do animador no país?

Essa demanda do mercado levou ao surgimento de oficinas, workshops e também cursos acadêmicos. Mas isso tudo ainda é bem recente. Então hoje no Brasil você tem desde cursos que formam técnicos em animação, como é o caso do Senai e do Senac, até cursos de graduação em animação, como o da Universidade Federal de Pelotas e o da Universidade Federal de Minas Gerais, e cursos de especialização em animação, como aqueles da UFMG e da PUC-Rio.

Quais são os principais polos de produção de animação hoje no Brasil?

Por um lado, há importantes núcleos de animação em universidades, como a Escola de Belas Artes da UFMG, a AESO (Faculdades Integradas Barros Melo), em Olinda, e a Casa Amarela Eusélio Oliveira, em Fortaleza, ligada à Universidade Federal do Ceará. Em paralelo, há também os heróis solitários do tipo do Otto Guerra. Em seu estúdio em Porto Alegre, ele sempre apoiou o projeto de muita gente lá do Sul. E, por outro lado, o que está acontecendo mais recentemente é que o foco na produção para TV concentrou grande parte dos profissionais da animação em uns cinco grandes estúdios, que são a TV PinGuim (SP), a 44 Toons (SP), o Copa Estúdio (RJ), a Split Studio (SP) e 2DLab (RJ). Isto é: existem uns 400 estúdios de animação por todo o Brasil, mas enquanto esses têm quatro ou cinco pessoas trabalhando, cada um daqueles cinco maiores deve ter quase uma centena de profissionais.

Que conselho você daria a um jovem animador?

Que ele faça o que lhe apetece fazer. Não adianta produzir série de TV porque isso está dando certo no mercado, se não é isso o que lhe interessa. Cada um deve descobrir o que gosta, pois mesmo que pareça mais difícil, é a maneira das coisas darem certo a longo prazo.

O BIG BANG DA ANIMAÇÃO

Num passado ainda recente, o trabalho do animador se restringia a curtas autorais e publicidade. Agora vemos no Brasil a produção de séries animadas para a TV, longas-metragens, jogos eletrônicos, aplicativos para dispositivos móveis, e-books animados e ferramentas educacionais como novos mercados para a animação nacional. De acordo com a Associação Brasileira de Animação (ABCA), nos anos 1990 foram produzidos 216 filmes de animação no Brasil. E outros 373 filmes foram produzidos apenas entre 2000 e 2004.

A tendência de crescimento desses números é influenciada pela facilidade de acesso a equipamentos e tecnologia para a produção, diminuindo consideravelmente os custos do processo, comparado aos anos anteriores. Também contribuem para o desenvolvimento do mercado as iniciativas governamentais, por meio de programas de fomento ao setor audiovisual (ou seja: leis de incentivo, editais e o Fundo Setorial do Audiovisual), e o aumento da demanda de distribuidoras e canais de televisão por conteúdo nacional (filmes, séries e animações), consequência da Lei 12.485/11 (a Lei da TV Paga). "Hoje nossas produções são veiculadas no Cartoon Network, Boomerang, Tooncast América Latina, TNT, TV Rá Tim Bum e TV Cultura. Sem a lei, provavelmente estaríamos em apenas um, no máximo dois canais", explica Mariana Caltabiano, dona de um estúdio de animação que leva seu nome.

Alguns estúdios nacionais largaram na frente na exploração do mercado de animação, tais como: TV PinGuim (*Peixonauta*), Mixer (*Escola pra Cachorro*), 2D Lab (*Meu Amigãozão*) e Glaz (*Historietas Assombradas*). Essas empresas desenvolvem projetos para canais como Cartoon Network e Discovery Kids, atuando dentro do nicho de produtos para o segmento infantil. *Historietas Assombradas* estreou em março de 2013, no Cartoon Network, e chegou à grade latino-americana do canal, depois de ser a série mais assistida na TV paga brasileira na faixa etária de 4 a 11 anos. Já *Peixonauta* rendeu 250 produtos licenciados e 12 aplicativos, sendo exibida em 79 países. Essa receita permitiu que a segunda temporada fosse produzida com recursos dos licenciamentos da série, retornando o investimento.

Mas se a TV oferece um cenário promissor, o cinema ainda esbarra na questão da distribuição. Em 2013, o primeiro longa nacional em stop motion, *Minhocas*, de Paolo Conti e Arthur Medeiros, estreou em 100 salas do circuito exibidor e teve 150 mil espectadores. Se o número de salas fosse maior, o público também seria. "O problema, no caso do cinema, é que os distribuidores brasileiros ainda não perceberam como a nossa animação pode ser um produto rentável", explica Marcos Magalhães.

Paulo Conti em um dos cenários de *Minhocas*.

ENTREVISTA

MARCOS MAGALHÃES

Em 1982, Marcos Magalhães recebeu o prêmio especial do júri em Cannes por seu curta *Meow!*. É um dos fundadores do Anima Mundi, hoje um dos cinco maiores festivais de animação do mundo.

Qual a situação da animação hoje?

A animação se descolou do suporte. Antes, falávamos em "cinema de animação". Mas a animação não se restringe mais ao cinema e hoje está em diferentes suportes. A animação é uma linguagem que agora pode estar no cinema, na TV, no videogame, no aplicativo no celular... isso quer dizer, também, que o estúdio de animação não tem mais na publicidade seu único cliente. A produção se diversificou. E isso permitiu que os estúdios passassem a produzir conteúdo próprio, principalmente para TV e internet.

Que qualidades um animador precisa ter?

Acredito que o animador tem uma percepção diferente. A matéria-prima da animação é o tempo. O animador cria tempos. Cria dimensões de espaço. Cria todo um universo novo. Por isso, o animador observa os detalhes, analisa como as coisas funcionam. Isso requer uma grande capacidade de concentração. Além disso, ele precisa ter, é claro, uma sensibilidade artística, que lhe permita desenvolver uma estética.

Precisa saber desenhar?

Atualmente, nem para trabalhar com a técnica do desenho animado você precisa saber desenhar. A técnica mais utilizada hoje em dia na animação 2D é a animação de recortes, onde você já tem os personagens todos prontos e só os movimenta. Mas eu acho que a forma de desenvolver o talento de animador continua sendo o desenho.

O 3D vai "matar" o 2D?

Em termos de mercado, há uma limitação econômica para a produção de longas em 2D. Eu perguntei a um executivo da indústria de animação americana se os estúdios voltariam a fazer longas em 2D e ele disse que achava que não. A Disney, por exemplo, não tem mais desenhistas trabalhando em mesa de luz. É tudo em computação gráfica, o que garante à indústria maior controle do processo de produção e maior rentabilidade. Mas em países de forte tradição de desenho, como o Japão, o 2D ainda predomina sobre o 3D. Na Europa e no Brasil há a convivência das duas técnicas, o que é o melhor, pois gera uma diversidade de linguagem.

O avanço da tecnologia facilitou o acesso à animação?

Teoricamente, sim. Hoje você tem softwares de computação gráfica como o Blender, que é gratuito e permite fazer até longas. Então, teoricamente, um adolescente, sentado no computador e pesquisando no Google sobre como o Blender funciona, pode fazer uma animação.

E que conselho você daria ao jovem que quer fazer animação?

Acho que ele deve procurar um curso de animação. Nem toda cidade tem, mas ele pode buscar coisas aproximadas. Nem que seja um curso de software de animação. Ou um curso de desenho mesmo: de modelo vivo, de desenho de observação. Ou um curso de pintura, ou de design, ou de cinema. De forma que ele possa perceber o que de fato lhe interessa. Eu, por exemplo, me formei em Arquitetura, mas sempre pensando em chegar à animação. Outra sugestão é frequentar os festivais de animação, que são ótimos locais para buscar referências estéticas e conhecer animadores. Há também, é claro, muita informação sobre animação na internet. Quando eu comecei, aos 15 anos, a informação era pouca e a tecnologia disponível era bem limitada. Mas eu cismei que ia fazer um filme de animação e fiz com a tecnologia disponível, que era uma câmera Super 8, que comprei com o dinheiro da minha mesada. Fiz o filme e mandei para festivais de cinema com Super 8. Foi assim que tudo começou. Acho que o jovem tem que colocar na cabeça que vai fazer e tentar mesmo.

ENTREVISTA
MARIANA CALTABIANO

"A minha vocação é contar história", explica a diretora de filmes e séries infantis Mariana Caltabiano, que foi publicitária antes de realizar o desejo de escrever livros. Em 1995, Mariana partiu para Nova York para estudar cinema, onde se encantou também por um curso de literatura infantil. Em 1998, ela lançou seu primeiro livro, o *Jujubalândia*. E a partir dele surgiu a oportunidade de produzir programas infantis. Hoje Mariana é dona do próprio estúdio de animação. É dela o sucesso *As aventuras de Gui & Estopa*, a primeira série de animação brasileira comprada pelo Cartoon Network. Em 2011, Mariana lançou *Brasil Animado*, o primeiro longa-metragem em live action 3D feito no Brasil. O filme levou 150 mil espectadores ao cinema.

Como você chegou à animação?

Quando lancei o meu primeiro livro, o *Jujubalândia*, enviei a divulgação para vários lugares, entre eles o programa da Xuxa na TV Globo. Como eu tinha feito – e enviado – também uma música sobre o livro, a produção do programa achou que se tratava de uma peça musical. Para não perder a oportunidade, ensaiei um número com atores, vestindo fantasias dos personagens do livro, e fomos ao programa! Na sequência, consegui vender para o SBT a ideia de transformar o livro em programa infantil. Para minha surpresa, eles encomendaram 120 episódios, de quatro minutos cada! Foi uma loucura, pois eu nunca tinha feito aquilo! Chamava-se *Zuzubalândia*. Mas não era animação ainda e sim um programa com bonecos. Nessa época, era muito difícil fazer animação. Ainda não tínhamos todos esses programas de edição que existem hoje e então fazer animação era muito caro. Por isso comecei fazendo esses programas com bonecos. Isso foi em 1998. No mesmo ano fui contratada pela TV Globo e criei a *Turma da Garrafinha*. Em três anos, fizemos cerca de 200 episódios. Trabalhei também no *Flora Encantada* da Angélica. Em 2000, fui convidada a criar um portal infantil no iG, o iGuinho, com jogos e quadrinhos animados, que em seguida evoluíram para pequenas animações, com os personagens Gui e Estopa.

Como você entrou no mercado da TV a cabo?

Coloquei na lei de incentivo à cultura o projeto da série *As aventuras de Gui & Estopa* para a TV e busquei patrocínio. Em 2006 fui aos Estados Unidos mostrar os primeiros episódios para o Cartoon Network. Naquele tempo, ainda não havia a lei que obriga a exibição de conteúdo nacional e esses canais a cabo, portanto, quase não exibiam produção brasileira. Só tinha a *Turma da Mônica*, eu acho. O Cartoon comprou então a primeira temporada da série. Já estamos agora na quarta temporada.

Qual o panorama da profissão de animador hoje?

Acho que o mais importante é entender que dentro da animação existem várias profissões. E então você precisa descobrir qual é o seu talento. Você pode ser um ótimo desenhista, mas não ter o talento específico para a animação. Você pode ser um ótimo roteirista, mas não ter talento para desenhar. Por exemplo, a minha especialidade é a criação de personagem: pensar suas características, como é o mundo dele e criar a história, o roteiro. Eu não sou uma animadora. Não me peça para desenhar o personagem em várias poses, pois vai ficar um horror. Numa equipe de animação, há várias funções: a criação de personagens, a criação de cenários, a criação de vozes originais, o roteiro, o storyboard, a produção executiva...

Quantas pessoas trabalham no seu estúdio?

Temos 20 pessoas fixas e trabalhamos também com profissionais de fora. Por exemplo, toda a parte de som a gente faz com uma empresa terceirizada, pois é um trabalho bem específico. No meu estúdio o processo começa comigo, que faço o roteiro, e depois sigo supervisionando todas as etapas. Aprovado o roteiro e o storyboard, a gente faz o animatic, que é um rascunhão da animação. Ele é mais uma oportunidade para checarmos se a história está fazendo sentido. Estamos agora migrando todo o processo para o digital, mas, até então, parte do processo era no papel. Isso não quer dizer que a gente não desenhe mais. A gente agora desenha naquela prancheta digital de animador, em que o desenho aparece na tela do computador.

Uma história de amor e fúria, de Luiz Bolognesi.

ANIMAÇÃO NÃO É COISA (SÓ) DE CRIANÇA

O público de animação não se restringe mais às crianças, como provam o longa brasileiro *Uma história de amor e fúria*, de Luiz Bolognesi, e a série japonesa de sucesso mundial *Death Note*. "Alcançamos um novo paradigma: sabemos que a animação pode falar de assuntos pertinentes, para crianças, jovens e adultos", diz o animador Sávio Leite.

Diretores de cinema têm usado a animação para representar fatos da vida real, unindo animação e documentário. Exemplos conhecidos são *Valsa com Bashir* (2008), em que o diretor israelense Ari Folman entrevista antigos veteranos que lutaram ao seu lado na Guerra no Líbano em 1982, e *Persepólis (2007)*, baseado no romance autobiográfico da iraniana Marjane Satrapi. "Nos documentários de guerra, por exemplo, a animação

suaviza a violência, distancia o espectador para assim conseguir mostrar o fato", explica Marcos Magalhães.

Mariana Caltabiano também usou a animação em trechos do seu documentário *VIPS – Histórias reais de um mentiroso*, sobre o bandido Marcelo Nascimento da Rocha. Com um talento impressionante para inventar histórias, o vigarista começou dando pequenos golpes e atingiu o "ápice de sua carreira" ao enganar o apresentador Amaury Jr. no carnaval do Recife, em 2001, ocasião em que fingiu ser filho do dono da empresa de aviação Gol. Sem registro visual dos vários golpes aplicados por Marcelo, Mariana recorreu à animação para reconstituir as inacreditáveis cenas.

DIFERENTES TÉCNICAS, DIFERENTES ESCOLAS

"Entre 1950 e 1955, Disney fez três filmes hoje considerados clássicos: Cinderela, Peter Pan *e* A Dama e o Vagabundo. *Mais de meio século depois, todos nós nos lembramos dos sapatinhos de cristal, da Terra do Nunca e daquela cena em que a cocker spaniel e o vira-lata chupam espaguete. Mas poucos entendem a sofisticação técnica desses filmes. Os animadores da Disney estavam na vanguarda da tecnologia aplicada; em vez de meramente usar os métodos existentes, eles inventavam novos métodos. Precisavam desenvolver ferramentas para aperfeiçoar o som e a cor, para usar telas azuis, câmeras em planos múltiplos e xerografia. Toda vez que ocorria um grande avanço tecnológico, Walt Disney o incorporava e falava a seu respeito em seu programa [O mundo maravilhoso de Disney, na TV], de uma maneira que destacava a relação entre tecnologia e arte. Eu era jovem demais para me dar conta de que aquela sinergia era pioneira."*

Essas são as lembranças de Ed Catmull, hoje presidente da Pixar Animation e da Disney Animation, em seu livro *Criatividade S.A.*. Quando criança, todo sábado ele esperava, ansiosamente, pelo momento em que Walt Disney, seu ídolo, apareceria na televisão. Em seu programa, Disney desvendava a magia da animação, explicando as técnicas utilizadas. Foi esse mesmo espírito de buscar a inovação e de difundi-la que levou Walt Disney a criar, em 1961, uma das mais prestigiosas escolas de animação do mundo, o California Institute of the Arts (Cal Arts).

A animação é resultado da sinergia entre tecnologia e arte. Hoje, técnicas tradicionais de animação convivem com as novidades digitais. Animação 2D, stop motion, pixilation, animação em película, rotoscopia e animação 3D são apenas algumas das possibilidades disponíveis à criatividade do animador. "Você deve buscar um curso de acordo com o estilo de animação que lhe interessa, pois as escolas funcionam meio como estúdios", diz Marcos Magalhães. "No entanto, as melhores escolas de animação trabalham primeiro uma 'desconstrução', isto é, vão ensinar o desenho na mesa de luz e o stop motion, para desconstruir essa 'estética da Pixar'. E depois é que voltam para o computador", explica.

Entre as melhores escolas de animação do mundo estão a Gobelins e a Supinfocom Rubika, ambas na França, e a Vancouver Film School, no Canadá. No Brasil, a pioneira UFMG, primeira a criar um curso de especialização em animação, recentemente abriu um curso

de graduação em Cinema de Animação e Artes Visuais. "As universidades brasileiras estão começando a abrir cursos de graduação em animação, pois estão percebendo a ampliação desse mercado e como ele precisa de profissionais bem formados", analisa Marcos.

Outros locais de formação em animação importantes no Brasil são o Núcleo de Cinema de Animação Casa Amarela, em Fortaleza, o curso virtual Anima.Edu, de Otto Guerra, a Escola Goiana de Desenho Animado e o Núcleo de Cinema de Animação de Campinas. O site da Associação Brasileira de Cinema de Animação (http://www.abca.org.br) traz informações sobre cursos em diferentes partes do país.

GANHANDO O MUNDO

No mercado globalizado, nossos animadores conquistaram outros territórios. Carlos Saldanha é um dos principais nomes da Blue Sky, Cleber Redondo é diretor de 3D do canal NBC, Rosana Urbes já trabalhou em grandes produções da Disney, como *Lilo & Stich*, *Mulan* e *Encantada*, e Fabio Lignini trabalha há muitos anos na DreamWorks. Em 2015, Fabio ganhou o Annie Award, o "Oscar da animação", pela criação dos personagens do filme *Como treinar o seu dragão 2*. De acordo com o animador, "para entrar no mercado é preciso demonstrar não só um sólido conhecimento dos princípios clássicos, mas também uma flexibilidade técnica para ser treinado em diferentes softwares".

Os festivais de animação são ótimas vitrines para o trabalho dos animadores. Para a seleção do Anima Mundi 2015, 1.500 filmes de animação foram inscritos. Desde que o Anima Mundi foi qualificado pela Academia de Hollywood para indicar filmes para o Oscar, passou a despertar ainda mais o interesse dos profissionais. Assim como ocorre em outros festivais qualificados, o vencedor do prêmio de melhor filme é automaticamente selecionado para a lista do Oscar. E dessa lista são selecionados os cinco finalistas que vão concorrer na categoria. Ou seja: quer ganhar o mundo? Percorra o circuito dos festivais e boa sorte!

PARA SABER MAIS SOBRE O UNIVERSO PROFISSIONAL DOS ANIMADORES

LIVROS:

Animation: From Pencils to Pixels, de Tony White (Focal Press, 2013)

Arte da animação, de Alberto Lucena Júnior (Senac, 2002)

O cinema de animação, de Sébastien Denis (Edições Texto & Grafia, 2010)

Subversivos − O desenvolvimento do cinema de animação em Minas Gerais, de Sávio Leite (Editora Favela é isso aí, 2013)

The Animator's Survival Kit, de Richard Williams (Farrar Straus & Giro, 2001)

SITES:

http://www.abca.org.br

https://www.animamundi.com.br

http://www.annecy.org

Carlos Saldanha apresenta o filme *Rio 2* no TIFF Kids Film Festival de 2014, no Canadá.

Exibição do filme *Rio 2* no Festival de Annecy, na França.

PROFISSIONAL
DE CINEMA

"UM FILME NÃO É DO DIRETOR, UM FILME É DE MUITA GENTE. CINEMA É UMA ARTE DE EQUIPE."

Di Moretti, roteirista

Uma tropa de elite. Estamos falando de Glauber Rocha, Nelson Pereira dos Santos, Walter Salles, Eduardo Coutinho, Fernando Meirelles e de tantos outros profissionais que construíram o cinema brasileiro, dando-lhe reconhecimento internacional. Em 1931, na passagem do cinema mudo para o falado, Mário Peixoto fez do seu *Limite* uma das obras-primas do cinema mundial. Em 1962, *O Pagador de Promessas*, de Anselmo Duarte, foi o grande vencedor da Palma de Ouro no Festival de Cannes. Em 1998, *Central do Brasil* comoveu a todos e ganhou o Urso de Ouro do Festival de Berlim. De lá para cá, e apesar dos percalços, o cinema brasileiro firmou-se como indústria, abrindo caminho para o desenvolvimento de diferentes profissões dentro dele. E agora, no século XXI, vê as transformações tecnológicas e do mercado abrirem novas perspectivas. Ação!

ESSA HISTÓRIA DAVA UM LONGA

Inventado em 1895 pelos irmãos Lumière, na França, o cinematógrafo não demorou a chegar ao Brasil. Três anos depois, o imigrante italiano Affonso Segretto faria as primeiras imagens em movimento do país, ao filmar o porto do Rio de Janeiro. No início do século XX, a mesma cidade, então capital federal, viu surgirem centenas de pequenos filmes produzidos e exibidos para a sua população que, em franco crescimento, demandava lazer e diversão.

Os anos 1930 trouxeram os filmes falados e também a forte concorrência da produção norte-americana, realidade que se mantém até hoje. Mas, já em 1933, *Ganga Bruta*, do mineiro Humberto Mauro, apontava a crescente sofisticação da nossa linguagem cinematográfica. Esse foi também o tempo das chanchadas: comédias musicais com cantores do rádio e atrizes do teatro de revista de grande sucesso. Filmes como *Alô, Alô Carnaval* (1936), produzido pela Cinédia, caem no gosto popular e revelam mitos do cinema brasileiro, como a cantora Carmen Miranda. Outro importante estúdio brasileiro foi a Atlântida, que produziu verdadeiros fenômenos de bilheteria. *Carnaval no fogo* (1949), dirigido por Watson

Cartaz do filme *Central do Brasil*, que conquistou o Urso de Ouro do Festival de Berlim.

Macedo, foi um dos seus grandes sucessos, com a célebre cena na qual Oscarito e Grande Otelo fazem uma sátira de *Romeu e Julieta*.

Na década de 1940, a criação da Companhia Cinematográfica Vera Cruz representa o desejo do cinema nacional de se mostrar tão requintado e sofisticado quanto as produções estrangeiras daquela época. *O Cangaceiro* (1953), dirigido por Lima Barreto, foi o primeiro filme brasileiro a conquistar as telas do mundo:

ganhou os prêmios de melhor filme de aventura e de melhor trilha sonora no Festival Internacional de Cannes e foi distribuído para mais de 80 países.

Mas eis que, na década de 1960, vem a hora da virada: um grupo de jovens cineastas começa a realizar uma série de filmes revolucionários em sua estética e imbuídos de forte temática política e social. É o Cinema Novo. O baiano Glauber Rocha – diretor de filmes como *Deus e o Diabo na Terra do Sol* (1964) e *O Dragão da Maldade Contra o Santo Guerreiro* (1968) – desponta como a principal figura do movimento, que tornará o cinema nacional conhecido no mundo inteiro. Glauber, Cacá Diegues, Joaquim Pedro de Andrade e Ruy Guerra participam dos mais prestigiados festivais de cinema do mundo, ganhando grande notoriedade.

A instalação de um regime autoritário no Brasil a partir de 1964 não impediu que as décadas seguintes fossem extremamente férteis para o cinema brasileiro. Os expoentes do Cinema Novo, bem como a geração "udigrudi" – termo irônico derivado do "underground" norte-americano –, continuaram a fazer obras críticas da realidade, ainda que enfrentando as dificuldades impostas pela censura da ditadura. Dessa época, destacam-se o próprio Glauber Rocha, com *Terra em Transe* (1968), Rogério Sganzerla, diretor de *O Bandido da Luz Vermelha* (1968) e Júlio Bressane, diretor de *Matou a família e foi ao cinema* (1969).

Em 1974 foi criada a Embrafilme, uma empresa estatal que teria papel preponderante na impulsão da indústria cinematográfica brasileira. São desse período alguns dos maiores sucessos de público e crítica da produção nacional, como *Dona Flor e Seus Dois Maridos* (1976), de Bruno Barreto, e *Pixote, a Lei do Mais Fraco* (1980), de Hector Babenco. À margem da Embrafilme e produzidos de forma totalmente independente, as pornochanchadas também fizeram muito sucesso na década de 1970. Eram chamadas assim por unir elementos das chanchadas a uma alta dose de erotismo, o que, em um tempo de censura no Brasil, fazia com que fossem comparadas ao gênero pornô, embora não houvesse, de fato, cenas de sexo explícito nos filmes. As cotas de exibição obrigatória, impostas então pelo governo, davam espaço para o desenvolvimento desse gênero. A lei obrigava as salas de exibição a exibir uma cota de filmes nacionais por ano.

O fim do regime militar e da censura, em 1985, trouxe de volta a liberdade de expressão e a possibilidade de novos caminhos para o cinema brasileiro. O governo Collor, no entanto, acabou com a Embrafilme em 1990. Isso abriu o mercado de forma descontrolada aos filmes estrangeiros. A produção nacional, dependente da Embrafilme, entrou em franco declínio. Sua recuperação só começou a acontecer a partir da criação de novos mecanismos de financiamento da produção, por meio de renúncia fiscal (leis de incentivo), e do surgimento de novas instâncias governamentais de apoio ao cinema. Nessa retomada do cinema brasileiro, três filmes foram indicados ao Oscar de Melhor Filme Estrangeiro: *O Quatrilho* (1995), *O Que é Isso, Companheiro* (1997) e *Central do Brasil* (1998), também vencedor do Urso de Ouro do Festival de Berlim. E em 2002, *Cidade de Deus*, de Fernando Meirelles, mudou o paradigma do cinema brasileiro ao receber quatro indicações ao Oscar, nas categorias de melhor diretor, melhor roteiro adaptado, melhor edição e melhor fotografia.

Cena do filme *Cidade de Deus*.

ENTREVISTA
DÉBORA IVANOV

Produtora de cinema, Débora Ivanov é testemunha da retomada do cinema brasileiro, depois do cenário de "terra arrasada" provocado pelo fim da Embrafilme. Ela chegou ao mercado no pior momento e participou da guinada, ainda nos anos 1990. Em 2000, associou-se à Gullane Filmes, de Caio e Fabiano Gullane, hoje uma das principais produtoras do país. Entre as produções da Gullane estão os filmes *Bicho de Sete Cabeças* (2001), de Laís Bodanzky, *Carandiru* (2003), de Hector Babenco, *Que horas ela volta?* (2015), de Anna Muylaert, e *Até que a sorte nos separe 3* (2015), de Roberto Santucci.

Mas a trajetória de sucesso de Débora não ocorreu de imediato. Assim como acontece com muita gente, Débora deu uma boa volta até chegar ao cinema. Cursou Artes Plásticas por gosto e Direito por recomendação do pai. O final dessa história é feliz: após uma rica experiência no mercado audiovisual, hoje Débora é diretora da Ancine (Agência Nacional do Cinema).

Como você fez essa passagem do Direito e das Artes Plásticas para o cinema?

Eu fui uma jovem com muitas dúvidas e muita dificuldade de definir a minha profissão. Tinha certeza de que queria fazer algo artístico, embora não soubesse exatamente o quê. Já o meu pai queria que eu seguisse algo que pudesse me dar mais segurança. Ele disse que eu poderia fazer Artes Plásticas, se fizesse ao mesmo tempo um curso mais "seguro". Então eu fui fazer Artes e Direito. Mas acabei me sentindo estranha nas duas faculdades! Segui o conselho do meu pai e terminei a faculdade de Direito. Minha vida profissional então começou e não tive mais como fazer uma mudança radical. Porém, fui trabalhar como assessora de um jovem deputado ambientalista de São Paulo e propus a ele um trabalho de conscientização de autoridades e comunidades através do audiovisual. Isto é, comecei a usar ferramentas artísticas no meu trabalho. Depois conheci o meu marido, Carlos Cortez, também muito interessado em cinema, e que tinha organizado cineclubes na escola e na faculdade. Resolvemos que era a hora de virar o jogo. Tiramos férias, fomos fazer cursos e logo começamos a desenvolver projetos audiovisuais para os movimentos sociais (movimentos de estudantes, de mulheres, de trabalhadores, etc.). Ou seja, minha entrada no audiovisual aconteceu de maneira informal...

Como se deu então a sua profissionalização no cinema?

Fizemos um documentário média-metragem sobre as origens do samba paulista e fomos premiados no festival É Tudo Verdade, em 1998. Aí nossa carreira deslanchou. Foi também quando trabalhamos pela primeira vez com Caio Gullane, que foi o produtor executivo do nosso documentário. Naquela época, os irmãos Caio e Fabiano Gullane, que eram então profissionais avulsos do mercado, já tinham percebido, na faculdade, que todos os seus colegas queriam ser diretores e ninguém queria ser produtor. Eles decidiram ocupar esse espaço. Mais tarde nós nos associamos, para fazermos projetos de maior peso. E então partimos para longas-metragens. Algo que noto nos jovens hoje é que eles já querem, de cara, partir para o longa-metragem. Mas o longa é fruto de uma carreira. É como em qualquer profissão, na verdade. Um advogado recém-formado não pode querer pegar uma causa muito grande e importante. Ele começa com causas menores.

Ao se associar aos irmãos Gullane, como vocês organizaram a produtora?

Para se formar uma produtora de cinema, você precisa ser muito empreendedor. Muito mesmo. Você necessita também entender como o mercado funciona e saber alavancar os projetos. Alavancar significa formatar o projeto, inscrevê-lo nas leis de incentivo e buscar os recursos. Vale dizer que a minha formação em Direito ajudou muito nesse processo de estudar as leis de incentivo. Nesse sentido, foi importante a minha formação multidisciplinar, pois, para ser um empresário, você precisa ter várias habilidades. E nós nos dividimos nas funções: eu fiquei mais focada na estruturação legal e financeira, Caio ficou na produção dos filmes e Fabiano ficou responsável pela promoção e comercialização das obras e construção de parcerias internacionais.

O que mudou no mercado cinematográfico brasileiro ao longo desses anos?

Mudou radicalmente. Quando Carlos e eu decidimos fazer cinema, coincidiu com o governo Collor e o fim da Embrafilme. Foi um momento terrível para o cinema brasileiro. Mas depois veio a criação da Lei Rouanet e de outras leis de incentivo (contemplando inclusive a produção para TV), da Ancine (Agência Nacional do Cinema) e dos fundos de financiamento da indústria cinematográfica, como o Funcine e o Fundo Setorial do Audiovisual. O momento atual é muito positivo, pois temos recursos, mas também mais complexo, porque hoje um executivo da área de produção audiovisual precisa entender de gestão e dessa rede de possibilidades de financiamento. Hoje estamos vivendo a explosão desse mercado. É uma carreira promissora, em todas as áreas: direção, roteiro, direção de arte, figurino, montagem, coordenação de pós-produção, direção de fotografia e por aí vai.

E como estamos em termos de formação desses profissionais?

O que eu noto é que, quando recebemos no mercado os jovens formados em Cinema, eles chegam com muita garra, mas um pouco iludidos – por exemplo, já querendo ir para a direção (que é uma função que demanda maturidade) – e pouco informados sobre essas várias possibilidades profissionais que existem na produção audiovisual. E, além das diferentes funções dentro do cinema, existem vários mercados no campo audiovisual, como as produtoras independentes de cinema e TV, as produtoras de publicidade, as empresas de pós-produção e as emissoras de TV, para citar só alguns.

Esse mercado continua concentrado no eixo Rio-São Paulo?

Continua. Porém hoje há uma produção forte também no Sul, em Minas Gerais, em Brasília, em Pernambuco, no Ceará e na Bahia, por exemplo. E, em termos de política pública, a Ancine tem trabalhado no sentido de fomentar a produção nas diferentes regiões.

No entanto, a distribuição dos filmes é ainda um problema no Brasil. Como ultrapassar essa dificuldade?

Em 2013 foram produzidos cerca de 130 longas-metragens no Brasil e a maioria não chegou ao mercado. Faltam distribuidores e faltam oportunidades nas salas de cinema. Os exibidores precisam cumprir uma cota obrigatória de exibição de filmes independentes, mas, uma vez contemplada essa cota, o que eles querem é exibir o que traga bilheteria e muitos desses 130 filmes são documentários ou têm um perfil mais autoral. É difícil. É uma luta. É preciso explorar alternativas de exibição, como a internet, as TVs comunitárias e universitárias, entre outras "janelas".

Qual foi o impacto da Lei da TV Paga (lei 12.485, de 2011) no mercado audiovisual brasileiro?

A Lei da TV Paga causou um boom no mercado, pois a obrigatoriedade de veiculação de conteúdos brasileiros nos canais por assinatura abriu muito espaço para as produtoras independentes. Claro que, na TV, a produção ganha um outro perfil, pois precisa dialogar com a programação daquele canal, mas a lei, de fato, está proporcionando uma gama enorme de possibilidades para as produtoras e gerando trabalho para os profissionais da área. Vejo muita gente jovem sendo empregada. Os pais podem ficar tranquilos: seus filhos terão oportunidades no audiovisual!

Que conselho você daria para o jovem que quer fazer cinema?

Primeiro, estude muito. Segundo, faça seus filmes – da forma que for: com o celular, com a câmera da faculdade... Terceiro, discuta o seu país, pois, antes de mais nada, quem produz audiovisual precisa ter o que dizer. Afinal, que reflexão você quer passar para o mundo? E, finalmente: não desista nunca!

O MERCADO BRASILEIRO EM FOCO

Em 2010, *Tropa de Elite 2* tornou-se o filme de maior bilheteria da história no Brasil, acumulando um total de R$ 102,6 milhões e 11 milhões de espectadores. Naquele ano, ultrapassou até os rivais estrangeiros: *Avatar*, de James Cameron, faturou R$ 102,3 milhões. A repercussão de *Tropa de Elite 2* abriu as portas do mercado internacional para o seu diretor, José Padilha, que em 2014 dirigiu *Robocop*, seu primeiro filme em Hollywood, e em 2015 produziu a série *Narcos* para o Netflix.

O feito de *Tropa de Elite 2* é excepcional em ambos os sentidos da palavra: excelente e incomum. Assim, se por um lado aponta possibilidades promissoras do nosso cinema, por outro revela uma grande dificuldade, que é a disputa por espaço na rede de exibição, onde prevalecem os filmes estrangeiros. *Tropa de Elite 2* foi uma exceção. Embora a renda, o número de ingressos e o número de salas tenha crescido nos últimos anos no Brasil, a participação dos filmes brasileiros nesses resultados ainda é pequena.

Em 2014, o mercado cinematográfico brasileiro ultrapassou a marca de 155 milhões de ingressos vendidos, com renda bruta de quase 2 bilhões de reais. A participação dos títulos brasileiros nesse mercado representou apenas 12,3%, com cerca de 19 milhões de ingressos. Naquele ano, foram lançados 114 títulos brasileiros, mas apenas cinco deles ultrapassaram a marca de 1 milhão de público. Entre os lançamentos nacionais, três estrearam em mais de 500 salas; já entre os estrangeiros, 31 títulos foram lançados nessa faixa.

A sucessão de lançamentos estrangeiros em grande quantidade de salas reaqueceu o debate sobre a disputa por espaço de exibição e sobre a diversidade de filmes nas salas de cinema. A Ancine estabeleceu então um termo de compromisso entre 23 empresas exibidoras e seis distribuidoras brasileiras e promulgou o Decreto n° 8.386/2014, que procura inibir o número de salas ocupadas pelo mesmo título em cada complexo. Mesmo no cenário competitivo da disputa por telas, alguns filmes conseguiram surpreender na estratégia de distribuição. Nos lançamentos brasileiros de menor porte, *Hoje Eu Quero Voltar Sozinho* aproveitou uma base de fãs conquistada pelo curta predecessor na internet e, partindo de 38 salas, conseguiu ultrapassar a marca de 200 mil espectadores.

Para Marcello Maia, da República Pureza, produtora criada em 1995, o poder público tem se preocupado em investir na produção de filmes, mas se descuidou da distribuição, ou seja, de pensar políticas públicas que façam o filme chegar ao público. "Isso virou um gargalo cruel, e não há, no horizonte, nenhuma perspectiva concreta de mudança. Fazemos ótimos filmes, premiados internacionalmente, e que simplesmente não chegam ao nosso público", diz o produtor de *Amarelo Manga* (2002) e *Febre do Rato* (2012). "Devíamos lutar por salas públicas de cinema, de forma a fugirmos da lógica perversa do blockbuster e da falsa ideia de que o público brasileiro não quer ver nossos filmes", conclui Marcello, que em 2013 lançou *Faroeste Caboclo*, um sucesso de um milhão e meio de espectadores.

Enquanto isso, para além do mercado cinematográfico, o setor audiovisual brasileiro como um todo vem crescendo. Isso se deve, em grande parte, a três fatores: a criação, em 2006, do Fundo Setorial do Audiovisual (FSA), por meio do qual o governo federal passou a investir diretamente no fomento da cadeia produtiva do setor; a entrada em vigor, em 2011, da Lei 12.485 – conhecida como Lei da TV Paga –, que obrigou os canais de televisão por assinatura a colocar pelo menos três horas e 30 minutos de programação nacional; e o interesse crescente de distribuidoras e canais de TV por assinatura em investir em produções nacionais para aumentar sua identificação com o público brasileiro.

"A Lei da TV Paga e a entrada do Fundo Setorial do Audiovisual no fomento às séries para a televisão a cabo foram medidas muito importantes, pois abriram esse mercado a várias produtoras, que agora podem propor conteúdos brasileiros. A República Pureza acaba de fazer duas séries para o Canal Brasil, *As grandes entrevistas do Pasquim* e o *Bipolar Show*, e estamos fazendo uma série chamada *Perrengue* para a MTV", conta Marcello Maia.

Segundo a Ancine, como resultado da Lei da TV Paga, a arrecadação de recursos para investimento na área cresceu 17 vezes entre 2012 e 2013 e o número de produções nacionais pulou de 1.926 em 2011 para 3.298 em 2013, de acordo com o registro de Certificados de Produto Brasileiro (CPB) emitidos pela agência. Isso colocou o Brasil em 12º lugar na lista das maiores economias do setor audiovisual.

ENTREVISTA

VICENTE FERRAZ

Cineasta carioca nascido em 1965, Vicente Ferraz cursou Comunicação Social na PUC-Rio e estudou na Escola Internacional de Cinema e TV de San Antonio de Los Baños, em Cuba, uma das mais importantes instituições de ensino de cinema do mundo. Ganhou os principais prêmios do Festival de Gramado: primeiro com o documentário *Soy Cuba, o Mamute Siberiano* (2004) e depois com *A Estrada 47* (2013), uma ficção sobre a participação dos pracinhas brasileiros na Segunda Guerra Mundial, filmada em coprodução com Itália e Portugal. Todo filmado no inverno italiano, *A Estrada 47* já foi visto em 15 outros países.

Qual é a função do diretor de cinema?

Para ser didático, vou fazer uma distinção meio arbitrária: vamos dividir o cinema em filmes de autor e filmes comerciais. Ou seja, há filmes que são a expressão do pensamento do diretor e outros mais voltados ao entretenimento, e que pertencem mais ao produtor. Dentro do cinema mais autoral, o diretor é o idealizador do filme, muitas vezes é também corroteirista, e é quem toca para frente o projeto. Ele define o tema e a abordagem e, mesmo que não seja corroteirista, tem o domínio sobre aquele resultado. Já quando o diretor é contratado para uma produção específica, ele está sujeito à ideia que está na cabeça do produtor e às suas intenções em termos do público que quer atingir. Então a função do diretor, nesse caso, é compreender os objetivos desse projeto e realizá-lo.

Claro que essa divisão que estou fazendo é muito esquemática e a realidade é mais complexa. Na história do cinema americano, por exemplo, há vários diretores que eram contratados dos grandes estúdios, mas que conseguiram deixar sua marca autoral. Da mesma forma, há produtores que também deixaram uma marca autoral. Um caso clássico é a produção de *E o vento levou...*, que teve três diretores e foi levada a cabo pelo produtor David Selznick, que nos deixou esse clássico do cinema.

Naquilo que chamamos tradicionalmente de "cinema de autor" estão os diretores que querem expressar sua visão de mundo e trazem para isso uma estética inovadora. Muitas vezes tão inovadora que está para além do repertório normal do espectador. Quando Godard fez *Acossado* em 1960, por exemplo, rompeu com o academicismo e revolucionou a linguagem cinematográfica ao questionar as convenções do cinema clássico. Em *Acossado*, ele desconstruiu as convenções do gênero policial. Hoje em dia, um jovem que assista aos filmes do diretor francês talvez não perceba mais essa ruptura, pois ela já está incorporada ao nosso repertório. Mas é bom lembrar, também, que mesmo o filme de Godard dialogava com o cinema industrial americano. E isso é muito interessante sobre o cinema: na verdade não acho que exista antagonismo e sim diálogo entre diferentes vertentes. O cinema é diverso.

Você vê essa diversidade no cinema brasileiro atual?

Sim, o Brasil está com uma diversidade de filmes muito interessante. O cinema brasileiro é profundamente influenciado pelo cinema de autor — tivemos um dos grandes nomes do cinema mundial, que é o Glauber Rocha —, mas, por outro lado, também tivemos uma tradição de cinema industrial, ou pré-industrial, com as chanchadas da Atlântida. Quando você vê agora essa onda de comédias no cinema brasileiro, é muito parecido com a produção da Atlântida, só que agora capitaneada pela Globo Filmes.

Você estudou cinema nos anos 1980, na Escola Internacional de Cinema e TV de Cuba. O que mudou na formação do profissional de cinema desde então?

Fazer cinema antigamente era muito caro (as câmeras, negativos, etc. tinham um custo muito alto) e existiam poucas escolas de cinema no Brasil e mesmo no mundo. E, naquela época, essas poucas escolas eram fracas na parte prática, justamente porque era tudo muito caro. A Escola Internacional de Cinema e TV de Cuba, quando aparece em 1986, veio com uma parte prática muito forte, além de uma parte teórica fundamental para se formar um pensamento sobre o cinema e sobre o mundo.

O cinema é uma arte humanista e, portanto, não pode prescindir da reflexão. Eu acho que as escolas de cinema hoje em dia, com o avanço e barateamento da tecnologia, ficaram muito focadas na prática e estão perdendo esse lado humanista.

Eu penso que o audiovisual é uma ferramenta e que o fundamental é o pensamento. E quem pretende se expressar através da arte, ser um autor, precisa ter repertório. Aliás, não só um repertório teórico, mas também um repertório de vida: experiências várias, alegrias, tristezas, etc. E esse repertório de vida, nem mesmo a melhor escola de cinema vai te dar. É preciso viver: se apaixonar, namorar, quebrar a cara, ter frustrações... enfim, a vida! Para fazer qualquer tipo de arte é preciso ter esse repertório que só a vida pode nos dar. Então, para o estudante de cinema de vinte e poucos anos, eu diria: "vai viver a vida, vai viver a sua época intensamente".

Por outro lado, é fundamental ver muito filme, conversar muito e ler muito! Hoje em dia o contato das pessoas com os livros e com a literatura está muito difícil. Mas são esses filmes, essas conversas e essas leituras que vão te possibilitar juntar os pontos, isto é, relacionar o seu repertório de vida às possibilidades dessa linguagem nova (o cinema) que você está aprendendo e a formas de pensamento. Além, é claro, de te fazer compreender porque você quer contar aquela história, uma vez que o cinema não é um compromisso apenas seu com você mesmo, é um compromisso seu com o outro, com o público. O que você pretende com aquela mensagem? Se você não tiver essa compreensão, talvez a sua arte não consiga atingir o outro, comovê-lo, cativá-lo.

Para realizar seu filme, o diretor precisa lidar com diferentes profissionais (atores, roteirista, diretor de fotografia, etc.). Sem esses outros talentos, o filme não acontece. É difícil administrar isso?

Acho que o bom diretor é aquele que sabe administrar os talentos. É preciso saber reunir os melhores profissionais para realizar o filme e é também importante saber ouvir o que eles têm a dizer. Há diretores que não sabem receber a contribuição do outro, por questão de insegurança, de ego. Quando, na verdade, o foco deve estar no filme. Se uma determinada sugestão for boa, vai contribuir para fazer o melhor filme.

Vicente Ferraz na filmagem de *A Estrada 47*, na Itália.

Isso se reflete no set de filmagem?

Um bom set de filmagem – um set de filmagem que funciona – é aquele em que ninguém está parado, pois são todos fundamentais. Por exemplo: você pode ter o melhor diretor e a maior atriz em cena, mas se o maquinista, que está fazendo o movimento da câmera, não fizer aquilo direito, a cena não vai funcionar. É muito bonito, pois muitas vezes não é o diretor quem está dando o ritmo daquela cena, mas sim o maquinista. Isto é, no trabalho pesado que aquele cara faz, há também subjetividade, há um talento.

Que conselho você daria ao jovem que quer fazer cinema?
É preciso ter muita vontade e dedicação. Cinema é uma carreira que não tem estabilidade. Claro que, no mercado audiovisual como um todo, você pode conseguir emprego como funcionário de uma produtora ou emissora. Mas, de todo modo, não é uma carreira para burocratas. É preciso estar sempre estudando e se atualizando. E, no cinema especificamente, é preciso ter muita força de vontade. Eu sei que o roteiro que estou escrevendo hoje talvez só seja filmado daqui a alguns anos. É preciso ter muita paciência e manter a chama acesa até a conclusão do filme!

NO INÍCIO, É O VERBO

"A primeira peça aglutinadora da produção cinematográfica é o roteiro. É a partir dele que são convidados os demais profissionais. Mas hoje em dia, muitas vezes, o encantamento pela imagem opera uma distorção nos jovens profissionais de cinema, que pensam o roteiro privilegiando a imagem e não a construção narrativa". O alerta vem de José Carvalho, que completa: "Um roteirista não se faz do dia para noite, nem em um curso de alguns meses. É preciso conhecer profundamente as formas narrativas, o que passa por um acúmulo de leituras: literárias, dramatúrgicas e teóricas".

Nascido em 1964, José Carvalho estudou Teatro na Universidade Federal da Bahia (UFBA) e Literatura na PUC-Rio. Já escreveu 15 longas-metragens para o cinema, como os filmes *Bruna Surfistinha* e *Faroeste Caboclo*. Na TV, fez o humorístico *Sai de Baixo* (TV Globo) e a novela *Xica da Silva* (TV Manchete). Grande estudioso da arte do roteiro, tornou-se um requisitado professor – em oficinas concorridíssimas – e também um expoente da função de script doctor (um consultor que analisa roteiros) no Brasil, tendo como um de seus clientes a TV Globo. José Carvalho criou recentemente uma escola de roteiro em São Paulo, a Roteiraria.

Preocupado com a formação dos nossos profissionais, ele compara o nosso caso com o americano: "No final dos anos 1980 houve um pacto entre as universidades e o mercado nos Estados Unidos. Não à toa, os EUA são os líderes do mercado audiovisual. Eles conseguiram estruturar uma linha de montagem na qual o mercado ia buscar nas universidades os melhores talentos. Para se ter uma ideia, a NYU, universidade de ponta americana, tem um departamento de agenciamento de talentos. Nos Estados Unidos, há um intercâmbio muito maior entre a universidade e o mercado. No Brasil, não há uma entrada formal para o roteirista no mercado audiovisual. A TV Globo é o maior mercado e às vezes realiza oficinas de roteiro, a partir da qual identifica novos profissionais".

A televisão foi a porta de entrada de José Carvalho no mercado, através da extinta TV Manchete. Foi esse também o caminho de Lucas Paraizo, roteirista e professor de roteiro na PUC-Rio. Lucas fez o curso de cinema na Escola Internacional de Cinema e TV, em

Cuba, entre 2002 e 2004, e depois o mestrado em artes cênicas na Universidade Autónoma de Barcelona. Escreveu *Malhação*, *A Teia*, *O Caçador*, *O Rebu* e *Justiça* na TV Globo. Seu mais recente trabalho no cinema foi *Macabro*, filme de Marcos Prado.

Lucas divide com José Carvalho a preocupação em relação à formação dos jovens roteiristas: "Em Cuba, antes de escrever roteiro, eu passei seis meses estudando linguística, semiótica, semiologia, lendo Shakespeare... ou seja, estudando a relação entre o sentimento e a palavra. A Escola de Cuba tem esse diferencial: você não senta para escrever, primeiro você senta para pensar. No Brasil, as escolas estão muito preocupadas com a técnica do roteiro. O roteirista, para mim, precisa de uma formação humanística: não só cinema, mas literatura, psicanálise... eu acho muito perigoso você achar que sabe escrever, se não sabe – minimamente – olhar para si, saber interpretar seus sentimentos e seus conflitos. A psicanálise fez para o cinema argentino, por exemplo, um bem tremendo. Falta nas escolas de cinema brasileiras essa formação humanista, que permita aos alunos uma reflexão sobre o seu próprio discurso. Isto é, pensar aquilo que está por trás da fórmula daquilo que você está contando. Mesmo que seja um trabalho de encomenda, mesmo que seja um produto extremamente popular, é preciso pensar o que você quer falar com aquilo. O que está por trás do seu discurso? A escola de cinema tem que ensinar a pensar".

Escrever um roteiro é um processo delicado e complexo, que requer disciplina e organização. Lucas chega a escrever seis horas por dia, quando está dedicado à criação de um roteiro para cinema. Ele destaca a importância do domínio das técnicas na sua profissão: "O roteirista tem uma série de etapas a cumprir durante o processo criativo: tema, premissa, storyline, sinopse, argumento, escaleta e biografias dos personagens, até chegar ao roteiro propriamente dito. Precisa ter domínio desses instrumentos de trabalho, que são os parâmetros de construção do roteiro. Precisamos dessa organização, até para deixar fluir aquilo que não é passível de ser organizado, pois o roteirista trabalha com técnica e emoção. Na verdade, a técnica existe para facilitar o acesso à emoção".

A ARTE DA IMAGEM

Gustavo Hadba é um dos mais importantes diretores de fotografia do cinema brasileiro. Mas o plano inicial era ser surfista! E foi no surf, nos anos 1970, que Gustavo – carioca nascido em 1961 – começou a se aproximar do cinema. Então apaixonado pelos raros filmes de surf que chegavam ao Brasil, ele começou a fazer suas próprias filmagens, com a câmera Super 8 do pai. A profissionalização no cinema não foi nada programada, e sim algo que foi acontecendo, a partir de alguns trabalhos que foram pintando. Nesse percurso, Gustavo não fez faculdade, mas encarou um processo de formação autodidata, através dos livros e dos filmes.

Gustavo começou como cinegrafista de uma agência de notícias. Entre 1990 e 1994, trabalhou na TV Globo, em programas como *Programa Legal*, da Regina Casé, e o *Casseta & Planeta*. Seu primeiro longa-metragem como operador de câmera foi *Veja esta canção* (1994), de Carlos Diegues, diretor com quem voltou a trabalhar em *Tieta do agreste* (1996), *Orfeu* (1998) e *Deus é brasileiro* (2003). Trabalhou também em filmes publicitários para diversas agências e fez videoclipes de artistas como Caetano Veloso, Gilberto Gil e Marisa Monte. Seu primeiro longa como diretor de fotografia foi *O caminho das nuvens* (2003), de Vicente Amorim.

Para o jovem que quer seguir esse caminho no cinema, Gustavo adverte: a função de diretor de fotografia é resultado de um longo caminho. "Tem muito garoto recém-formado na faculdade que acha que já vai chegar sendo diretor de fotografia. Não é assim. É preciso ter estrada, e também humildade e paciência, inclusive para enfrentar as dificuldades da profissão", ele explica. Mas o que faz o diretor de fotografia? "Junto com o diretor do filme, o diretor de fotografia coloca em imagens aquilo que está escrito no roteiro. No set de filmagem, você comanda os assistentes de câmera, os maquinistas, os eletricistas, etc. E isso num trabalho conjunto com o diretor de arte, o figurinista, os maquiadores... enfim: você vai contar em imagens uma história, mas você não faz nada disso sozinho", responde Gustavo.

PROFISSIONAL DE CINEMA

Gustavo Hadba no set de filmagem de *A esperança é a última que morre*, de Calvito Leal.

O SOM AO REDOR

Em 2016, o compositor brasileiro Antônio Pinto concorreu ao Oscar na categoria Melhor Trilha Sonora com o documentário *Amy*, que narra a vida da cantora britânica Amy Winehouse. Internacionalmente reconhecido, Antônio produziu trilhas sonoras de filmes de sucesso como *Cidade de Deus* e *Central do Brasil*. Outro compositor brasileiro, Heitor Pereira, que trabalhou nas trilhas de *Gladiador* e *Missão Impossível 2*, já havia sido indicado anteriormente ao Oscar pelas trilhas de *Meu malvado favorito 2* e *Os Smurfs 2*. Mais conhecidos do público brasileiro, David Tygel (de *Quem matou Pixote?* e *Leila Diniz*, por exemplo) e André Abujamra (de *Castelo Rá-tim-bum* e *Bicho de sete cabeças*, entre outros) confirmam o talento nacional na produção de trilhas.

A trilha sonora é o lado mais conhecido e badalado da atuação dos profissionais do som no cinema. Nino Rota, Ennio Morricone e Henry Mancini são nomes idolatrados mundialmente. Porém, o som no cinema é um universo mais amplo e, além da trilha sonora (feita pelo compositor), abarca também a captação de som durante a filmagem (feita pelo técnico de som direto) e a edição de som na pós-produção (feita pelo editor de som).

Bernardo Uzeda, um jovem profissional carioca de 30 anos, atua no cinema como compositor de trilhas sonoras e editor de som. Em 2013 foi vencedor do prêmio de Melhor Som no Festival de Cinema de Brasília pelo longa *Morro dos Prazeres*, de Maria Augusta Ramos. "O momento da filmagem é para captar diálogos. Todos os outros sons são inseridos depois, dos efeitos sonoros à música", explica Bernardo. Dentro da edição de som, existem as seguintes funções: editor de efeitos sonoros, editor de som direto, supervisão de dublagem e o artista de foley (espécie de sonoplasta que produz sons diversos, como passos, porta batendo, som de espadas num duelo etc.). "No mercado brasileiro, é comum que um profissional acumule funções, menos a de artista de foley, que é um trabalho muito específico", comenta o profissional formado em Cinema pela PUC-Rio e que hoje é professor da instituição.

PROFISSIONAL DE CINEMA

Bernardo lembra que a tecnologia está a serviço da edição de som, mas que ela não basta: "O software não vai pensar por você. Para ter ideias é preciso ter bagagem de cinema. O lado operacional é só 10% do trabalho, os outros 90% são o lado estético e criativo, que te permitirão interpretar os desejos do diretor do filme".

MOSTRE SUA CARA: OS FESTIVAIS DE CINEMA

"Os festivais são fundamentais, pois funcionam como uma primeira janela para o seu filme. É uma forma de promover o filme, de colocá-lo em contato com a crítica e de estabelecer relações para a sua comercialização", explica Vicente Ferraz. "Eles são importantes também para conhecer outros profissionais e construir uma rede de contatos para futuros trabalhos. Hoje em dia, mesmo num país grande como o nosso, há equipes formadas por pessoas de diferentes regiões. Outra coisa legal dos festivais é que eles funcionam como uma fotografia do momento, isto é, oferecem uma visão do que está acontecendo no cinema", completa o cineasta.

"Se você se destaca no festival", comenta Debora Ivanov, "isso já te dá uma outra condição na hora de batalhar um novo projeto. Mas manter o seu filme numa rede de festivais não é simples. Precisa de muito empenho. É preciso mapear os festivais, entender as regras de cada um deles, fazer a inscrição, mandar o filme e a ficha técnica etc.". Vicente Ferraz também faz uma ressalva: "O problema é que os festivais acabaram virando uma anomalia, pois hoje há filmes que circulam por vários, mas não chegam às salas de cinema. E todo filme tem que encontrar o seu público, por mais experimental que seja".

No mapa dos festivais, alguns estão consolidados como lugar fundamental do reconhecimento de filmes e profissionais do cinema. Fazer bonito em um deles pode significar um empurrão valioso nessas trajetórias. No Brasil, alguns dos principais eventos são o Festival de Gramado, o Festival do Rio, o Cine PE (em

Recife), a Mostra de Cinema de Tiradentes e o Festival de Curtas Kinoforum. O Festival de Brasília foi o primeiro do Brasil e acontece religiosamente desde 1965, com exceção, apenas, das edições de 1972 a 1974, quando foi censurado pela ditadura militar. O festival internacional de documentários É Tudo Verdade é o mais importante do gênero na América do Sul e acontece simultaneamente em São Paulo e no Rio de Janeiro.

No exterior, os festivais de Cannes, Veneza e Berlim são importantes premiações do cinema mundial. No circuito do cinema independente, o Sundance é talvez o mais prestigiado. Sua história tem origem na década de 1980, quando o ator americano Robert Redford juntou um grupo de amigos numa zona rural de Utah, para desenvolver projetos de jovens diretores que não conseguiam espaço em Hollywood. Inicialmente, o Sundance foi criado como um instituto de cinematografia, mas anos mais tarde, em 1983, Redford sentiu a necessidade de mostrar ao público as criações, organizando o festival. O Sundance revelou grandes nomes do cinema contemporâneo, como Quentin Tarantino e os irmãos Cohen.

COLETIVOS DE CINEMA

Cinema sempre foi, tradicionalmente, uma arte cara. As novas tecnologias facilitaram a vida do jovem interessado na produção audiovisual e hoje temos até filmes feitos inteiramente em celular. Os jovens cineastas atuais encontraram também um formato de produção coletiva para a viabilização de suas obras. No século XXI, os coletivos de cinema têm mostrado sua força crescente e seu lugar na renovação estética dessa arte no Brasil.

É o caso da produtora Filmes de Plástico, de Belo Horizonte. Seus integrantes se conheceram na faculdade de Cinema em 2006. Em 2010, levaram o troféu de melhor direção no Festival de Brasília com o curta *Contagem*, de Gabriel Martins e Maurílio Martins, projeto de conclusão do curso, realizado com apenas R$ 2.000,00. De lá pra cá, várias outras produções têm sido elogiadas e participado de grandes festivais internacionais, como aconteceu com o curta *Pouco Mais de um Mês*, de André Novais, premiado com menção honrosa na Quinzena dos Realizadores do Festival de Cannes, e com o longa *Ela Volta na Quinta*, também de André, apresentado no FID-Marseille, na França, e no Festival de Brasília, em 2014. O curta *Quintal*, também dirigido por André, levou a turma novamente a Cannes em maio de 2015.

Assim como a Filmes de Plástico, o coletivo pernambucano Símio Filmes nasceu na faculdade, a partir de encontros no Centro de Comunicação e Artes da Universidade Federal de Pernambuco (UFPE), no começo dos anos 2000, quando chegou a ter uma dezena de integrantes. Em 2014, o longa do grupo, *Brasil S/A*, de Marcelo Pedroso, levou os troféus de direção, roteiro, trilha sonora, som e montagem no Festival de Brasília.

No Ceará desponta a Alumbramento, fundada por um grupo de estudantes da Escola Audiovisual de Fortaleza, em 2006. Em janeiro de 2010, o longa *Estrada para Ythaca* provocou frisson na Mostra de Tiradentes (MG), ganhando o Troféu Barroco dado pelo júri da crítica. O filme tornou-se exemplo de um trabalho coletivo feito sem grandes recursos, equipe reduzida (os diretores eram também os atores) e liberdade irrestrita na realização e na estética. Vida longa aos coletivos!

DE VOLTA AO FUTURO: ONDE ESTUDAR

Em todo o Brasil, existem inúmeros cursos de nível superior (bacharelado, licenciatura ou tecnológicos) em Cinema e/ou Produção Audiovisual. Alguns dos melhores são aqueles da Universidade de São Paulo (USP), da Fundação Armando Álvares Penteado (FAAP), da Universidade Federal de São Carlos (UFSCar), da Universidade Estadual de Campinas (Unicamp), da Universidade de Brasília (UnB), da Universidade Federal Fluminense (UFF) e da Pontifícia Universidade Católica do Rio de Janeiro (PUC-Rio). No exterior, uma instituição que já formou muitos brasileiros é a Escola Internacional de Cinema e TV (EICTV), de San Antonio de los Baños, em Cuba. A EICTV, que em 1986 teve entre seus fundadores o escritor colombiano Gabriel García Márquez, já teve como diretores nomes importantes do cinema mundial, como o argentino Fernando Birri e o brasileiro Orlando Senna. A presença de cineastas famosos como Francis Ford Coppola como professores eventuais da EICTV atesta o reconhecimento alcançado pela escola. Ainda na América Latina, duas escolas de destaque são a Universidade del Cine, em Buenos Aires, e o Centro Universitario de Estudios Cinematográficos (CUEC), da Universidad Nacional Autónoma de México (UNAM), um dos mais antigos cursos de cinema do continente.

La Femis (Fondation Européenne pour les Métiers de l'Image et du Son), em Paris, é a escola de cinema mais prestigiada da França. Nos Estados Unidos, a New York University tem entre seus ex-alunos os diretores Martin Scorsese e Oliver Stone e o criador da série *Breaking Bad*, Vince Gilligan. Ainda nos EUA, são importantes também os cursos da University of Southern California (USC), onde estudou George Lucas; e a University of California (UCLA), ambas em Los Angeles. Já a Universidade de Stanford, também na Califórnia, oferece um curso dedicado especificamente ao documentário.

PARA SABER MAIS SOBRE O UNIVERSO DOS PROFISSIONAIS DE CINEMA

LIVROS:

A arte do cinema – Uma introdução, de David Bordwell e Kristin Thompson (Edusp, 2013)

A linguagem secreta do cinema, de Jean-Claude Carrière (Editora Nova Fronteira, 1994)

Film History: an introduction, de David Bordwell e Kristin Thompson (University of Wisconsin/McGraw-Hill, 1994)

Palavra de roteirista – Conversas com 20 autores do cinema brasileiro, de Lucas Paraizo (Editora Senac, 2015)

SITES:

http://revistadecinema.uol.com.br

http://www.filmeb.com.br

http://www.adorocinema.com

ATLETA
RADICAL

**"NA ADVERSIDADE, UNS DESISTEM,
ENQUANTO OUTROS BATEM RECORDES."**

Ayrton Senna

VOCAÇÕES

De Ayrton Senna a Gabriel Medina, o Brasil já provou seu talento para a produção de ídolos em esportes que aliam altíssima performance, muita adrenalina e uma boa dose de perigo. E embora o automobilismo não esteja classificado, tradicionalmente, entre os chamados "esportes radicais", podemos incluí-lo aí, dadas as condições extremas que envolvem também essa modalidade.

O Brasil tem vários atletas radicais de sucesso. Nomes como Carlos Burle, Bia Figueiredo e Klever Kolberg destacaram-se não apenas pelas conquistas esportivas, mas pelo talento no gerenciamento de suas carreiras, o que lhes possibilitou, efetivamente, viver daquilo que tanto os apaixona. Mas como eles fizeram para transformar a paixão pelo esporte numa trajetória profissional consistente?

É MUITA ONDA!

Não se fala em outra coisa no surf mundial: Brazilian Storm, a Tempestade Brasileira. A expressão foi criada pela imprensa americana para se referir à nova geração de surfistas brasileiros que vem se destacando no cenário mundial: Gabriel Medina, Adriano de Souza (o Mineirinho), Miguel Pupo, Filipe Toledo, Alejo Muniz, Raoni Monteiro e Jadson André. Em 2014, no Taiti, Gabriel Medina se tornou o primeiro brasileiro campeão mundial de surf, ao vencer Kelly Slater, uma lenda do esporte e 11 vezes campeão do mundo. Medina também igualou um recorde de Slater: aos 20 anos, tornou-se o mais jovem surfista a erguer o caneco, façanha que o americano realizou em 1992.

Com a vitória, Medina entrou para a história. Fez com que seu nome nunca seja esquecido e que sirva de exemplo para outros brasileiros não só no surf, mas no esporte. Jornalistas esportivos, surfistas e ex-surfistas destacam o profissionalismo, a disciplina e a garra dessa nova geração. Como disse Kelly Slater sobre a conquista de Medina, ela foi "resultado de muito trabalho e determinação na busca de um sonho".

Medina começou a surfar aos oito anos de idade, na praia de Maresias, no litoral paulista. Aos 15 anos, derrotou o veterano Neco Padaratz na final de 2009, tornando-se o mais jovem brasileiro vencedor de uma etapa do circuito WQS, a divisão de acesso mundial. Em 2011, aos 17 anos, passou a integrar a elite do surf mundial. Depois de ser derrotado duas vezes por Medina naquele ano, Slater deu o troco na final de Fiji, no ano seguinte. E fez uma previsão: "ele continuará batendo todo mundo pelos próximos 20 anos".

ELES FIZERAM HISTÓRIA

Em 1976, pela primeira vez uma etapa do campeonato mundial de surf aconteceu no Brasil. Feras do mundo inteiro se reuniram para surfar as ondas do Arpoador, no Rio de Janeiro. O evento chamava-se Waimea 5000, em referência aos 5 mil dólares de premiação. Pedro Paulo Lopes, o Pepê, pioneiro do surf nacional, era o grande destaque na época e venceu o campeonato. Com a vitória no Waimea 5000, Pepê foi convidado para as etapas do mundial no Havaí. Foi finalista do Pipe Masters e ficou com a 6ª colocação.

Nascido em 1957, Pepê praticou em alto nível todas as modalidades esportivas que amava. Aos dez anos começou no hipismo e, em pouco tempo, foi campeão carioca mirim. Só não

Apaixonado por esportes, Pepê foi destaque no hipismo, no surf e no voo livre.

ganhou mais títulos porque, ainda adolescente, descobriu o surf. Depois de muitas viagens ao redor do mundo, surfando mares clássicos, sempre determinado a ultrapassar os limites, no final da década de 1970 Pepê decidiu trilhar novos rumos e encontrou no voo livre sua nova paixão. Em 1981 sagrou-se campeão mundial.

Em 1991, Pepê foi tentar novo título no Torneio Internacional de Wakayama, no Japão. As condições climáticas não estavam favoráveis e alguns atletas tentaram cancelar a prova no decorrer das disputas. Contudo, o sempre determinado Pepê havia dito para a comissão técnica que não se importaria em participar e, na companhia de mais dois competidores, partiu para seu último voo. Depois da largada, os três pilotos perderam altitude e foram obrigados a realizar um pouso de emergência, em um terreno com muitas árvores e rochedos. Pepê chocou-se contra uma das rochas e feriu-se seriamente, vindo a falecer no local, aos 33 anos.

Na Barra da Tijuca, no Rio de Janeiro, um trecho da praia é conhecido como a Praia do Pepê. Point de surfistas e praticantes de outros esportes radicais, foi lá que Pepê instalou seu quiosque nos anos 1980, onde introduziu hábitos alimentares mais naturais e saudáveis entre a juventude carioca. O Quiosque do Pepê revelou ainda o espírito empreendedor daquele atleta, que entendia que o esporte indicava também um estilo de vida.

Ayrton Senna é um ídolo nacional e mundial. Assim como Pepê, teve uma morte trágica em plena competição. É incrível observar como o legado de Senna transcendeu as gerações que o conheceram, chegando a jovens que sequer eram nascidos quando ele morreu, em 1994. Muitos desses jovens contam que conheceram Senna através do personagem Senninha, quando eram crianças. Só depois vieram a ver – em imagens de arquivo – as impressionantes conquistas do piloto.

O Brasil teve três campeões mundiais de Fórmula 1. Todos foram heróis nacionais, mas nenhum conquistou tamanha idolatria quanto Ayrton Senna. Estrategistas, Emerson Fittipaldi e Nelson Piquet não se incomodavam em chegar em segundo, terceiro ou quarto lugar, porque sabiam que a regularidade era o mais importante para vencer um campeonato. Senna era diferente: queria ser sempre o primeiro, correr sempre na frente, quebrar todos os recordes. Mas tudo terminou na batida na curva Tamburello, em Imola, na Itália, em 1º de maio de 1994, quando o piloto se chocou contra um muro a mais de 300 km por hora. Nascido em 1960, Senna começou sua carreira na F-1 em 1984, pela Toleman, uma equipe pequena. No ano seguinte, já na Lotus, ele conquistaria sua primeira vitória em um Grande Prêmio. Em 1988 transferiu-se para a McLaren, equipe com a qual foi campeão naquele mesmo ano. Combinando técnica e audácia, o piloto acelerou na chuva e chegou ao seu primeiro título. Com apenas cinco anos de F-1, ele mostrou ao mundo que em situações adversas e arriscadas seu talento transbordava. Entre algumas marcas invejáveis estão as suas 41 vitórias na Fórmula 1. O legado de conquistas de Ayrton Senna elevou o nível do esporte a outro patamar. Mais de 20 anos após a sua morte, ainda há marcas a serem batidas pelos novos corredores de Fórmula 1, e muitos profissionais e fãs do automobilismo o consideram o melhor piloto de todos os tempos.

Ayrton Senna: um dos maiores ídolos do esporte no Brasil e no exterior.

ENTREVISTA

CARLOS BURLE

Carlos Burle tem 48 anos e surfa há 35. Foi o primeiro brasileiro campeão de ondas gigantes e está entre os melhores do mundo nessa modalidade. Para quem acha que carreira de atleta é curta, o pernambucano prova que isso não é necessariamente verdade. Hoje ele integra a equipe Red Bull de surf, ao lado de Maya Gabeira e Pedro Scooby. Em 2013, Burle surfou a maior onda do mundo, em Portugal: tinha entre 32 e 35 metros, o equivalente a um prédio de sete andares. Só naquele ano, a imagem impressionante de Burle descendo o paredão de água foi vista por cerca de seis milhões de pessoas no YouTube.

Quando começou no surf você teve apoio da sua família?

Comecei a surfar com 13 anos. Eu tinha muito receio de ter que fazer o que meus pais queriam e não me realizar profissionalmente. Tentei alguns esportes antes, mas não me dei bem. Foi no surf que me encontrei e me destaquei. Por volta dos meus 16 anos, comecei a sofrer uma pressão muito grande da minha família, que queria que eu definisse o que ia fazer da vida. Naquela época, o surf era muito marginalizado, pois ainda não tinha uma estrutura profissional. Mas o que as pessoas não sabem é que meu grande sonho não era ser surfista profissional, e sim ter qualidade de vida. Eu usei o surf como ferramenta.

Mas como aconteceu a sua profissionalização no surf?

Eu tinha muito talento para o surf, mas como sou de Recife, precisei sair de casa muito cedo, pois naquela época não havia como me profissionalizar lá e e sofria também com o preconceito da minha família. Então vim morar no Rio de Janeiro, na casa de um primo. Aqui no Rio já havia atletas que eram referência e também patrocinadores. O meu grande sonho era chegar no Havaí. Todo surfista quer chegar lá. Para a gente, o Havaí é como as universidades de Harvard ou Stanford para as outras profissões. E eu sabia que, para ser profissional, teria que surfar lá e surfar bem. Na temporada de 1986 no Havaí eu, com 19 anos, consegui me destacar. Hoje a garotada chega bem mais cedo ao Havaí. Quando voltei para o Brasil, estava acontecendo o circuito nacional de surf de 1987. Foi a primeira vez em que grandes empresas ligadas ao surf patrocinaram, cada uma, uma das etapas do circuito. Fiquei em 17º lugar na segunda etapa. Nesse momento, meu pai me ligou de Recife, dizendo que estava passando por uma crise nos negócios e que eu precisava voltar, para trabalhar na loja de autopeças dele. Após duas semanas de trabalho, eu já estava deprimido. Ia rolar a terceira etapa do circuito brasileiro, mas eu não tinha prancha nem patrocínio. Um amigo me emprestou uma prancha e eu avisei ao meu pai que ia tentar o surf. Entrei em um ônibus e fui de Recife até Ubatuba. Nessa etapa, fiquei em segundo lugar, despontei como revelação e saí de lá com patrocínio. Avisei para minha família que, com o patrocínio, conseguiria me virar sozinho.

E conseguiu mesmo?

Tinha ficado em quinto lugar geral no campeonato e, com o patrocínio, pude voltar ao Havaí. Mas logo descobri que precisaria voltar todo ano para o Brasil para competir aqui também, o que era uma demanda do patrocinador. O problema é que os campeonatos no Brasil aconteciam bem na época das melhores ondas no Havaí! Aquilo virou um conflito dentro de mim, pois eu precisava voltar para competir em ondas pequenas aqui, quando o que eu queria era competir em ondas grandes lá. Eu era muito imaturo e, nessa crise, acabei ficando fora da elite do surf brasileiro e perdi todos os meus patrocínios. Mas eu tinha jurado que voltaria todo ano ao Havaí. Sem patrocínio, eu fazia o seguinte: vendia material de surf brasileiro na Europa, com o dinheiro eu competia lá, depois ia competir em Bali, trazia coisas de Bali para vender no Brasil e com esse dinheiro ia competir no Havaí!

Esse esforço valeu a pena?

Minha insistência em surfar todo ano no Havaí foi o que possibilitou com que firmasse meu nome, mas fiz isso sem estrutura alguma. Foi muito difícil! Mas fez muita diferença o dia em que meu pai ligou e perguntou como poderia me ajudar. Eu disse que precisava de um carro para ir treinar. Ele meu deu um dinheiro e comprei um fusca usado. Na verdade, aquilo foi simbolicamente importante, pois era a primeira vez que o meu pai estava apoiando, de alguma forma, a minha escolha profissional – mas na prática não fez tanta diferença. O que realmente fez diferença foi quando um patrocinador decidiu me contratar para participar dos campeonatos, produzindo conteúdo sobre eles, na forma de fotos, reportagens, etc. Eu já tinha conhecido o insucesso, já estava mais amadurecido e agarrei aquela oportunidade com unhas e dentes.

A partir disso, o que aconteceu?

Em 1998, ganhei o primeiro campeonato mundial de ondas grandes, o World Big Wave Champion, no México. Eu já tinha 30 anos! Mas então começaram a aparecer propostas melhores de patrocínio. Ao mesmo tempo, vi que não dava para ficar só no patrocínio e comecei a construir uma vida fora d'água: montei uma assessoria de imprensa e comecei a trabalhar a marca Carlos Burle, em vez de ser apenas o atleta que expõe as marcas patrocinadoras na sua prancha. Fiz palestras em escolas, universidades e empresas, abri um restaurante, criei uma escola de surf em parceria com uma academia de ginástica e passei a usar meu nome para assinar produtos. Fui meio autodidata nisso, mas sabia que precisava transformar meu nome numa referência para o surf e mesmo fora dele.

O que mudou desse tempo para cá?

Mudou, principalmente, a imagem do surf. Antes o esporte estava restrito ao seu próprio universo, ou seja: os surfistas, a imprensa especializada e as empresas ligadas ao surf, que eram os patrocinadores. Atualmente, é referência para um universo muito mais amplo. Algumas empresas, por exemplo, usam o esporte para fazer campanhas sobre qualidade de vida, saúde, liderança, etc. Hoje o surf é pauta do Jornal Nacional! O esporte tem agora uma imagem mais profissional, que tem a ver com o amadurecimento da relação entre atletas e patrocinadores. O surfista precisa encarar isso: não basta ser bom dentro d'água, é preciso ter uma postura profissional também fora d'água.

Como é a sua rotina profissional?

Eu treino todos os dias, mas atualmente apenas na parte da manhã, pois à tarde me dedico a compromissos ligados às marcas que me patrocinam e às minhas próprias marcas. Vivo entre viagens, reuniões e treinamentos.

Uma das questões sobre a carreira esportiva é que ela tem uma vida relativamente curta. Aos 48 anos, você é uma exceção ou há outros atletas de alta performance na sua faixa etária?

São poucos. Um deles é o havaiano Laird Hamilton, também surfista de ondas grandes, hoje com 50 anos de idade.

Como é a sua relação com os patrocinadores?

Eu quero sempre dar a eles mais do que eles esperam. Quando a Red Bull me propôs formar a primeira dupla mista de ondas grandes do mundo, com a Maya Gabeira, eu topei por isso: era um desafio importante e nós, os atletas, precisamos dar retorno para os nossos patrocinadores. Estou na Red Bull há 15 anos e na Redley há 21 anos. São parcerias muito fortes. Estamos sempre desenvolvendo projetos, buscando as maiores ondas do mundo, pois é isso o que vai gerar visibilidade para a marca. Quando a Maya e eu fomos a Nazaré, em Portugal, para surfar uma das maiores ondas do mundo, aquilo foi um projeto de grande repercussão.

Que conselho você daria para o jovem que quer seguir a sua carreira?

Trabalhe seus talentos e também suas fraquezas. Esse meio no qual a gente vive, que se alimenta da imagem e do ego, é muito frágil. É preciso tomar cuidado para não criar grandes expectativas e depois se frustrar. É preciso não se distanciar dos verdadeiros valores da vida. Busque ter conteúdo, estude. Isso vai fazer de você uma pessoa mais equilibrada e saudável.

Carlos Burle em Teahupoo, no Taiti.

ENTREVISTA
——— KLEVER KOLBERG ———

O plano inicial era ser jogador de vôlei. Mas a vida de Klever Kolberg pegou um atalho pela Engenharia e acabou desembocando numa saga de 20 anos no deserto: o Paris-Dakar, o maior, o mais difícil e o mais perigoso rally do mundo. À custa de muita determinação, em 1988 Klever e André Azevedo foram os primeiros brasileiros a competir no Paris-Dakar. Em 1993, Klever foi campeão da categoria Motos Maratona. Em 2007, o piloto fez sua última participação no rally. Hoje, aos 53 anos, é diretor da Dakar Inovação e Empreendedorismo, uma empresa voltada ao desenvolvimento de pessoas e equipes. Através de palestras, rallies empresariais e jogos corporativos, Klever relaciona a superação dos desafios no deserto com a competição no mundo dos negócios.

Como o esporte entrou na sua vida?

Pratiquei esportes desde criança. Dos 14 aos 17 anos, eu me dediquei seriamente ao vôlei e cheguei a sonhar em entrar para a seleção brasileira e participar de uma olimpíada. O sonho do desportista é sempre grande. É isso o que distingue a pessoa que quer abraçar o esporte como carreira daquela que faz o esporte apenas por prazer e lazer, de forma amadora. Esse sonho torna-se um desafio e o obriga a focar nesse objetivo. Para ser um bom atleta profissional, é preciso se dedicar a isso, abrindo mão de várias outras coisas. E eu realmente me dediquei ao vôlei: treinava quatro horas por dia.

Por que você não seguiu uma carreira profissional no vôlei?

Os treinos do vôlei começaram a "brigar" com a minha vida escolar e o meu pai exigia que eu tivesse boas notas na escola. Muitos dos meus companheiros do vôlei já tinham colocado o esporte em primeiro lugar. Além disso, a dedicação ao vôlei também limitava a minha vida social (sair com os amigos, ir às festas, namorar, etc.). Ou seja, eu estava dividido entre o vôlei, a escola e a minha iniciante vida social. E se o cara quer ser bom no esporte, precisa ter foco. Aos 17 anos, fui fazer vestibular para Engenharia. É importante deixar claro que, naquela época – estamos falando de 1979 – o esporte não dava dinheiro. O curioso é que eu passei no vestibular e, logo em seguida, fui convocado para a seleção paulista de vôlei! Mas decidi não ir para a seleção. E gradativamente fui me dedicando mais à Engenharia do que ao esporte. Aos 22 anos, quando me formei, eu já tinha uma empresa de construção de equipamento de microfilmagem.

E como você começou a competir em rallies de motos?

Desde pequeno eu tinha o sonho de correr de carro. Eu adorava automobilismo. Mas achava que era um sonho impossível, pois é um esporte muito caro. Eu tinha uma moto e, naquela época, aqui no Brasil, estava na moda o enduro de regularidade, como o Enduro da Independência. Sentia vontade de participar, mas não tinha dinheiro. Perto da minha empresa havia uma loja de motos com uma equipe de enduro. De tanto eu ficar lá puxando assunto, um dia o dono da loja me convidou para participar de uma prova com eles. Eu nem tinha equipamento: fui de camisa de goleiro e com o coturno de um tio, que era dois números menor do que o meu pé! Passei a participar das competições e, no ano seguinte, já estava fazendo parte da equipe. Foi lá que conheci o André Azevedo, em 1987, ano em que fomos campeões no Enduro das Montanhas.

Vocês já viviam só do esporte?

Não, todo mundo tinha emprego em algum outro ramo. O André, por exemplo, é engenheiro como eu. Só em 1995 é que nós dois decidimos largar nossos trabalhos e nos dedicarmos exclusivamente aos rallies.

Como vocês resolveram correr o Rally Paris-Dakar?

Um dia, conversando na véspera de corrermos um enduro, vimos que nós dois tínhamos esse sonho. Porém, me assustava a questão técnica, isto é, se teríamos equipamento para correr um rally no deserto, e ao André assustava a dificuldade de conseguir patrocínio.

Resolvemos nos juntar para realizar esse sonho e combinamos que, se ganhássemos o enduro no dia seguinte, daríamos entrevista anunciando nossa ida para o Paris-Dakar. Mas era um blefe! Ganhamos, demos a entrevista e viramos chacota da turma do enduro, pois parecia um projeto totalmente impossível. Mas nós enfiamos na cabeça que iríamos! Naquela época, os caras que tinham jogado vôlei comigo e continuavam no esporte estavam ganhando um dinheirão e eu ganhava uma merreca com a engenharia. Pensei: é agora ou nunca! As pessoas falavam: "se você for, você vai morrer lá!". E eu pensava: "Se eu não for é que vou morrer!".

Mas como vocês viabilizaram esse sonho?

O sonho era tão desafiador que acabou atraindo pessoas que nos ajudaram. Fomos a várias empresas, mas conseguimos poucos apoios: dez mil dólares e uma moto Yamaha. Vendemos nossos carros, em Paris ficamos hospedados na casa de um amigo e em janeiro de 1988 estávamos lá na largada do Paris-Dakar.

Como foi essa primeira experiência no Paris-Dakar?

Nos ferramos, pois fomos muito mal preparados. Mas com nossas cabeças de engenheiros, tínhamos feito um planejamento e, mesmo tendo dado tudo errado, tiramos um aprendizado dessa primeira experiência. Voltamos para o Brasil com informações para prepararmos nossa próxima ida.

Qual foi a estratégia de vocês?

Nossa estratégia foi vender a ideia do pioneirismo: os primeiros brasileiros a competir no Paris-Dakar. Na segunda vez, também não completamos a prova, mas já para a terceira, em 1990, conseguimos o patrocínio da Staroup e o André ficou em segundo lugar na nossa categoria. No ano seguinte ele venceu o rally e em 1993 foi a minha vez de ser campeão.

Depois de competir em várias edições do Paris-Dakar, de moto e carro, você fez sua última participação em 2007. Por que decidiu parar?

Eu avaliei que não era possível conseguirmos, aqui no Brasil, um patrocínio que nos colocasse no mesmo nível das grandes equipes, em termos de investimento. Uma das razões para isso era a pouca divulgação do Paris-Dakar na mídia brasileira. Sem essa visibilidade, era um mau negócio para o patrocinador. Resolvi parar de competir e fazer um diagnóstico dessa situação. Cheguei a fazer uma espécie de assessoria de imprensa do Paris-Dakar, para ver se revertia essa situação. Minha avaliação era a de que não valia a pena eu competir só por competir. Ou a gente ia com um investimento maior, ou eu arrumava um outro desafio, como, por exemplo, preparar novos competidores.

O que aconteceu a partir daí?

Em 2008 eu já não fui para o Paris-Dakar. O André foi, mas o rally foi cancelado, pois houve ameaça de terrorismo. Em 2009, a Mitsubishi me convidou para ser chefe da sua equipe de carros, com uma verba que se igualava às verbas das equipes de ponta. Eu então deixei a equipe Lubrax-Petrobras, onde o André permaneceu, e fui para a Mitsubishi.

Como surgiu a Dakar Inovação e Empreendedorismo?

Primeiro, nós criamos a Dakar Promoções e Eventos. Depois, quando saí para coordenar a equipe da Mitsubishi, o André criou a Brasil Dakar Competições, eu abri a Dakar Cursos e Conferências e comecei a fazer palestras. Depois é que veio a Dakar Inovação e Empreendedorismo. Na verdade, como o nosso esporte é de alto risco – correr o Paris-Dakar envolve muito perigo – e como o patrocínio esportivo está sempre sujeito às condições econômicas do país e a outros fatores que a gente não controla, eu e André sempre projetamos alternativas, e também pensávamos no futuro, quando a gente deixasse de competir.

E hoje, que você não compete mais, qual é a sua atuação profissional?

A Dakar Inovação e Empreendedorismo oferece palestras motivacionais e outras atividades, formatadas dentro da necessidade do cliente. São eventos que têm o objetivo de promover o entrosamento da equipe ou novas formas de planejamento, por exemplo. Nessas atividades, eu uso a minha experiência no Paris-Dakar na forma de relatos ou dinâmicas. Nosso público vai de multinacionais até escolas.

Klever Kolberg atravessa o deserto nas Montanhas do Atlas, no Marrocos, durante o rally Paris-Dakar, em 1993.

O ESPORTE E A INDÚSTRIA DO ENTRETENIMENTO

No século XX, o esporte viveu sua transformação em espetáculo midiático. Uma imagem evidente disso são os shows megalomaníacos no intervalo da final do Super Bowl nos Estados Unidos. O mundo dos esportes é responsável por movimentar bilhões de dólares anualmente em todo o planeta, atraindo um grande número de patrocinadores, que enxergam a popularidade e a repercussão na mídia como meios de divulgação e propaganda de seus produtos ou serviços. Isso moldou a forma das transmissões, transformou atletas em celebridades e fez com que algumas modalidades esportivas virassem um negócio bastante lucrativo.

Uma das experiências mais notórias nesse sentido foi o caso do MMA (Mixed Martial Arts), que saiu do gueto do chamado Vale-Tudo para se transformar em um valioso produto na indústria do entretenimento. Nas mãos dos irmãos e herdeiros de cassinos de Las Vegas Frank e Lorenzo Fertitta e do empresário de boxe Dana White, que compraram o direito de controle do UFC (Ultimate Fighting Championship) em 2001, o MMA virou um indiscutível fenômeno midiático: conquistou seu espaço na programação de TVs a cabo e abertas, gerou reality shows e inspirou até a criação de personagens em novelas brasileiras.

A empresa UFC transformou o MMA em uma fonte admirável de lucros. Os números que circundam o torneio são impressionantes e justificam o crescente interesse de empresas e investidores de todo o mundo. Dez anos depois de ser comprado por US$ 2 milhões, o UFC já valia US$ 1 bilhão, tendo na venda de assinaturas de pay-per-view uma de suas mais ricas fontes de renda. Em 2009, cerca de 1,6 milhão de assinaturas foram vendidas nos Estados Unidos para um único combate. Atualmente, cerca de um bilhão de lares espalhados por 36 países assistem aos eventos. Em termos globais, o UFC rivaliza com a Fórmula 1 e o futebol. A questão é que nem todos os esportes, ou nem todas as categorias dentro de um determinado esporte, conseguem entrar nesse círculo virtuoso, no qual a visibilidade na mídia atrai o patrocínio. E a consequência no plano mais individual, isto é, na vida do atleta, é que sua carreira pode ser afetada – ou mesmo inviabilizada por isso.

Vitor Belfort e Anderson Silva em luta do UFC em Las Vegas, em 2011.

No início dos anos 1980, quando os esportes radicais ainda estavam fora do circuito midiático, os surfistas Ricardo Bocão e Antônio Ricardo criaram o que viria a ser um dos programas mais importantes de cultura jovem já produzidos no Brasil. Pioneiro entre as produções independentes, o *Realce* entrou no ar pela Rede Record em 1983, trazendo para a TV um universo até então marginalizado pelos grandes meios de comunicação: surf, skate e voo livre, além do rock e do comportamento jovem.

De lá para cá, os esportes radicais conquistaram seu lugar na mídia: além da cobertura jornalística, existem canais especializados e até mesmo reality shows. Em 2006, Ricardo

Bocão e Antônio Ricardo lançaram o canal Woohoo. No canal Off, também dedicado aos esportes radicais, Carlos Burle apresenta o programa *Desejar Profundo* e a nova geração do surf está contemplada em duas produções: o *Brazilian Storm* e o *Mundo Medina*. Após ver o seu *Acelerados* chegar a 3,5 milhões de visualizações no YouTube em 2014, Rubinho Barrichello conquistou um espaço fixo na TV aberta, quando o programa estreou no SBT no ano seguinte.

Algumas modalidades, no entanto, ainda enfrentam dificuldades. Pedro Barros, atual sensação do skate brasileiro e tido como o sucessor de Sandro Dias e Bob Burnquist, faz parte da equipe Red Bull, o que pode ser considerado o estágio mais alto de profissionalização nos esportes radicais. No entanto, ele explica algumas das dificuldades vividas pelos skatistas: "O mercado do skate ainda é muito instável. Não temos um calendário fixo e pronto para seguirmos, então estamos sempre à disposição para ir a algum evento que aparece do nada. No meu caso, eu tenho a vantagem de ganhar muitos campeonatos e ter uma boa visibilidade, o que facilita na questão do patrocínio. Mas para quem não tem resultados tão expressivos, ser profissional do esporte é algo financeiramente muito complicado. O que eu mais quero é que o skate seja reconhecido pelas grandes empresas e pelo governo, para assim termos mais apoio no ramo".

José Nascimento, treinador de Bruna Tomaselli, que aos 17 anos é uma das promessas do automobilismo brasileiro, explica como é difícil a sobrevivência nas categorias não televisionadas: "O automobilismo é um esporte individual e muito caro. E cheio de etapas: depois das categorias de kart, há várias de carro, até se chegar às principais, que são a Fórmula 1 e a Fórmula Indy. O problema são as categorias intermediárias. Hoje um piloto de 16 anos que sai do kart, precisa correr essas categorias intermediárias de Fórmula, mas nem sempre elas existem aqui no Brasil. Isso obriga o jovem piloto a pular fases que seriam essenciais para o seu aprendizado. Além disso, é difícil conseguir patrocínio nessas categorias intermediárias, o que acaba levando muitos pilotos a desistirem. O sonho da Bruna é a Fórmula 1, mas nossa estratégia é chegar primeiro à Fórmula Indy, nos Estados Unidos".

Pedro Barros em treino para X Games Los Angeles, em 2012.

ENTREVISTA

BIA FIGUEIREDO

O Brasil tem tradição no automobilismo: Emerson Fittipaldi, Nelson Piquet, Ayrton Senna, Rubinho Barrichello, Felipe Massa e Bia Figueiredo. Sim, aos 30 anos, Bia Figueiredo já tem lugar nessa história. Ela foi a primeira mulher do mundo a vencer na Firestone Indy Lights, a única a vencer na Fórmula Renault e a conquistar uma pole position na Fórmula 3. Foi também a primeira brasileira a participar das 500 Milhas de Indianápolis e da Fórmula Indy. E em 2014 tornou-se a primeira mulher a disputar um campeonato integral na Stock Car Brasil. Desde pequena Bia disputou com os meninos. Entrar em um universo tão masculino como o automobilismo não foi problema para ela. Nem para os pais, que, embora nada tivessem a ver com o esporte (o pai é psiquiatra e a mãe é dentista), a incentivaram desde os 8 anos, quando Bia começou a correr de kart.

Sua família não tinha relação alguma com o automobilismo. Como você entrou e se desenvolveu nesse meio?

Acho que tive muita sorte de encontrar as pessoas corretas e de tê-las ao meu redor. O meu pai conheceu o Nô Campos, que tinha sido treinador do Rubinho, do Tony Kanaan e do André Ribeiro, por exemplo, e pediu para ele cuidar de mim e me ensinar tudo sobre kart. O Nô virou um segundo pai para mim. Meu pai não podia me acompanhar em todas as corridas, viajar comigo, e era o Nô quem ia. Quando comecei a ter vitórias no kart e a despontar no esporte, ele foi falar com o André Ribeiro, que tinha encerrado a carreira dele na Fórmula Indy e estava começando a atuar como empresário. O Nô foi muito inteligente, pois o André possuía uma habilidade muito grande na administração de carreira e na articulação dos patrocínios. Mas quando o André viu que eu era uma garota, quase caiu para trás! Eu tinha 14 anos. Ele topou ver uma corrida minha e achou que eu realmente tinha potencial. O André passou a gerenciar a minha carreira e a me ensinar como fazer isso também. Devo o meu profissionalismo a tudo o que aprendi com ele.

Você era a única mulher no meio dos pilotos. Foi difícil?

Eles faziam muita gozação comigo e até empurraram meu kart para fora da pista. Não aceitavam perder para uma mulher. Mas eram jovens de 16, 17 anos que não sabiam lidar com aquilo, pois era uma novidade ter uma garota correndo com eles. Já entre os adultos, correndo de carro, a postura foi outra.

Como era a questão do patrocínio nessa fase?

Era complicado, pois as categorias de base não têm transmissão pela TV, o que faz com as empresas não se interessem em patrocinar.

Na passagem para a Fórmula 3, você chegou a ir treinar na Inglaterra. Como foi essa experiência?

Foi difícil: muita solidão e pouco dinheiro para me manter lá. Cheguei a me perguntar se era isso mesmo o que queria. Eu já estava com 21 anos e tinha acabado de me formar na faculdade de Administração, no Brasil. Meus pais me incentivaram muito a fazer a faculdade em paralelo ao automobilismo, o que foi ótimo. Naquela época, eu competia apenas uma vez por mês aqui no Brasil e por isso consegui levar a faculdade. Quando me formei, fui treinar na Inglaterra, pois o plano era correr a Fórmula 3 lá. Porém, vimos que seria muito difícil: era caro e sem um retorno de mídia que pudesse atrair patrocinadores. O André sugeriu, então, que eu fosse fazer uns testes na Indy Lights, nos Estados Unidos, onde ele tinha corrido. Foi muito bom, pois nos Estados Unidos encontrei um ambiente muito mais receptivo às mulheres. Na Inglaterra, eles achavam meio ridículo ter uma mulher no automobilismo. Já nos Estados Unidos, quando eu me saí bem nos testes, a equipe ficou superempolgada.

O que aconteceu a partir daí?

Entrei para a equipe Sam Schmidt em 2008 e o André conseguiu patrocinadores para os dois anos em que corri na Indy Lights. Foram dois anos muito legais. Já no primeiro ganhei o prêmio de revelação na categoria e fiquei em terceiro lugar. No ano seguinte, infelizmente, tive um acidente sério em Indianápolis e acabei com o carro. Perdi uma etapa da Indy Lights por causa disso. Mas participei da etapa seguinte e fiquei em primeiro lugar!

Quantas mulheres corriam na Indy Lights nessa época?

Apenas eu e uma suíça.

Em 2010 você mudou para a Fórmula Indy, passando a ser a terceira mulher na história dessa categoria. Como tomou essa decisão?

Em 2010 a Fórmula Indy voltou a ser realizada no Brasil, depois de um intervalo de 10 anos, e achamos que esse era um bom gancho para a minha entrada na categoria. Consegui estrear na Indy com o patrocínio da Ipiranga, que me patrocina até hoje. Naquele ano e no seguinte, corri no Brasil e em Indianápolis. O primeiro ano foi bom, mas no outro não consegui bons resultados, pois tive acidentes e problemas técnicos. A gente decidiu fechar com a equipe de Michael Andretti, que abriu uma oportunidade para mim, mas, de novo, tive acidentes e outros problemas com o carro.

O que acontece quando você não tem bons resultados?

Sem bons resultados, fica difícil você conseguir patrocínio e equipe para correr todas as etapas do campeonato. Nesse momento, passei por uma fase crítica, pois a cobrança dos empresários é bem grande. Isso estava se refletindo inclusive na minha vida pessoal. Eu já tinha 27 anos e não podia nem namorar! Decidi então romper com os meus empresários e administrar eu mesma a minha carreira. Expliquei os meus motivos para os patrocinadores (Ipiranga e Bombril) e eles continuaram comigo. Atualmente, quem gerencia a minha carreira é a Azza Sports, uma agência de marketing esportivo.

Por que você decidiu mudar da Indy para a Stock Car?

Tive bons resultados na Indy, mas ainda era difícil conseguir dinheiro para correr todas as etapas. E eu queria correr um campeonato inteiro, não queria mais ficar catando dinheiro para correr apenas algumas corridas. Resolvi então me lançar em um novo desafio e tentar a Stock Car aqui no Brasil.

Como funcionam as mudanças de equipe no automobilismo?

Hoje, na Stock Car, pode acontecer das seguintes formas: a equipe que está interessada em você pode já ter patrocínio para bancar as suas corridas (o que é raro hoje) ou você leva o patrocínio para a equipe. Ou, ainda, pode haver uma composição entre os dois lados, para se chegar ao orçamento necessário. Quanto maior o orçamento, maior a possibilidade de você ter os melhores mecânicos, o melhor equipamento, e, portanto, mais chances de vitória.

Você acha que é possível termos no futuro uma mulher na Fórmula 1?

É preciso treinar uma menina desde cedo para isso. Desde o kart, passando por todas as outras categorias de Fórmula, até chegar à Fórmula 1. É preciso investir dinheiro nisso. A Fórmula 1 é muito cara. Quando eu estava na Indy Lights, a Petrobras demonstrou interesse em me levar para fazer testes na Williams. Mas quando eu soube que eram testes teóricos e de simulador, e não testes práticos, de correr na pista mesmo, não achei que valia a pena. Até pilotos experientes passam mal no simulador. Achei melhor ficar focada na Indy Lights.

Você já sentiu medo ao correr?

Não sinto e nunca senti. E digo para a minha família: "Se eu morrer na pista, não fiquem tristes, pois eu morri feliz".

Você acha que vai correr até quando?

Difícil dizer, mas acho que até os 35 anos. Vou me casar agora e pretendo ter filhos, pois adoro crianças. E não conheço nenhuma mulher do automobilismo que tenha tido filhos e voltado a correr. Vou ter que descobrir ainda como será o meu caminho nesse sentido. De todo modo, acho que, mesmo que eu pare de correr, posso me dedicar a outras atividades ligadas ao automobilismo, como por exemplo a formação de novos pilotos.

Bia Figueiredo no kart, categoria de entrada no automobilismo.

Quem é o seu maior ídolo no automobilismo?

Ayrton Senna. O que ficou marcado para mim foi sua garra, sua disciplina e sua atitude de ganhar ou ganhar. Isso eu nunca esqueci e tentei levar comigo na carreira toda.

Que conselho você daria ao jovem que quer seguir essa carreira?

No caso do automobilismo, é preciso se dedicar a isso integralmente, manter a humildade e não desistir nunca. Mas não basta apenas vencer as corridas. Se você quer ser um piloto de expressão internacional, é preciso falar inglês, saber se portar profissionalmente e saber lidar com o patrocinador. Meu pai fazia uma coisa que eu odiava: ainda adolescente, na época do kart, ele me deixava na porta da empresa e eu tinha que entrar sozinha para conseguir o patrocínio. Eu odiava isso, pois não sabia nem o que falar, mas hoje sou grata a ele, pois isso me deu muita experiência e me ensinou muito. Me ensinou o quanto seria difícil e a dar mais valor ao que eu queria. Hoje em dia esse mercado evoluiu e é importante o atleta se cercar de pessoas que tenham competência e nas quais ele possa confiar, pois é impossível você fazer tudo sozinho.

VOCAÇÕES

Monica Blatyta.

ENTREVISTA

MARKETING ESPORTIVO

Fundada em 2014 por Monica Blatyta e Maurício Durães, a agência de marketing esportivo Azza Sports administra a carreira de grandes nomes do esporte. Entre eles, os pilotos Rubinho Barrichello, Tony Kanaan e Bia Figueiredo, além dos jogadores de vôlei Giovane Gávio e Thaísa Daher.

Como funciona uma agência de marketing esportivo?

O atleta precisa se concentrar na sua performance e em ser o melhor na sua área. É difícil conciliar isso com a captação de patrocínio, relação com a mídia e outros aspectos da carreira. A agência de marketing esportivo entra justamente dando esse apoio: na relação com patrocinadores, assessoria de imprensa, media training, estratégias nas redes sociais, proposição de eventos promocionais, etc. A agência trabalha o atleta como um produto.

O que significa "trabalhar o atleta como um produto"?

Tratar o atleta como uma marca pode parecer uma coisa estranha, pois estamos falando de pessoas. Mas é preciso lembrar que o atleta é um ícone: sua performance, suas conquistas no esporte acabam associando sua imagem a determinados valores. É nesse sentido que podemos trabalhar o atleta como uma marca, explorando os valores mais interessantes que estão associados à sua imagem. Por exemplo, no caso do Neymar temos o carisma, no Ronaldo Fenômeno temos a superação e no Michael Jordan temos a inteligência. Nós estudamos as características de cada atleta, para pensarmos a melhor forma de posicionarmos ele no mercado. Definido qual será esse posicionamento, vamos trabalhá-lo como se fosse um produto, através da assessoria de imprensa, das redes sociais e de outras ferramentas. No entanto, não se trata de criar um personagem, mas sim de valorizar as características positivas que aquele atleta já tem.

Como a agência faz a intermediação entre atleta e patrocinador?

Nem sempre as negociações entre atleta e patrocinador são tranquilas, e é aí que a agência entra, no intuito de evitar que o atleta tenha qualquer tipo de desgaste em relação ao seu patrocinador. Além disso, também é responsabilidade da agência pensar, junto com o patrocinador, o máximo de formas de explorar essa associação entre a imagem do atleta e a marca patrocinadora. Muitas vezes o atleta não tem o conhecimento ou o tempo para propor essas ações. Esse é o know-how da agência de marketing esportivo. Outro cuidado da agência é não desgastar a imagem do atleta. Evitamos colocá-lo em várias campanhas publicitárias ao mesmo tempo e propomos aos patrocinadores outras ações, como eventos de vários tipos, e não só publicidade.

Que cuidados o atleta precisa ter no gerenciamento da sua imagem?

Hoje em dia, as redes sociais são um ponto de atenção para nós. Orientamos bastante os atletas sobre o comportamento deles, pois qualquer deslize pode causar um dano à sua imagem. O patrocinador não quer associar a sua marca a atletas polêmicos ou que criam rejeição no público. Por isso, eles precisam ter cuidado com aquilo que publicam nas redes sociais. Por exemplo, convém evitar comentários sobre política ou religião. Isso não quer dizer que o atleta não possa expressar suas opiniões, mas é preciso administrar isso com atenção. A questão não são apenas as redes sociais, mas seu comportamento de forma geral. Ele não pode fazer coisas que acabem denegrindo a sua imagem e, por conseguinte, a imagem da marca patrocinadora.

Que conselho vocês dariam para o jovem que quer fazer carreira no esporte?

Assim como em qualquer outra profissão, é importante fazer um plano de carreira. O desportista, muitas vezes, chega muito rápido, muito jovem ao topo do seu desempenho. Mas é preciso projetar o futuro, pensar o que ele deseja para os anos seguintes. Sempre alertamos os atletas de que é preciso ter um objetivo e, ao alcançá-lo, não ficar estagnado na zona de conforto e sim colocar para si um novo desafio. É preciso buscar sempre novas conquistas no esporte ou outro atleta vai ocupar o seu lugar. É preciso também cuidar da sua imagem. Em geral, a vida profissional do desportista não dura muito tempo. Mas vemos aí vários casos de atletas que, mesmo depois de abandonarem o esporte, continuaram a viver da sua imagem. O melhor exemplo disso talvez seja o Pelé. E para além das campanhas publicitárias, a boa imagem do atleta pode contribuir para que ele desenvolva também negócios e carreiras ligadas ao esporte. Alguns viram treinadores, outros entram para a área do marketing esportivo, entre outras possibilidades.

Maurício Durães.

ESCOLAS E TREINADORES

Nos esportes "não radicais" existe a tradicional estrutura das escolinhas (de vôlei, tênis, futebol, etc.) em clubes e o processo de profissionalização a partir disso. Existem também as escolas criadas por atletas famosos, como a rede de escolinhas de vôlei montada por Bernardinho, hoje renomado técnico, depois de uma vitoriosa carreira como jogador. À medida em que os esportes radicais foram se popularizando, surgiram escolas de surf, skate, voo livre, kart, etc. em diversas partes do Brasil. A Escola de Surf Rico, fundada no Rio de Janeiro em 1982 pelo surfista de mesmo nome, foi pioneira no Brasil e já revelou vários atletas consagrados, como os cariocas Phil Rajzman, campeão mundial de longboard em 2007, e André Luiz, o Deka, campeão em 2010.

Profissionalizar-se em um esporte radical implica em buscar uma alta performance individual. Nesse sentido, encontrar um bom treinador é fundamental para o processo de formação do atleta. Como conta Bia Figueiredo, o treinador Nô Campos virou "um segundo pai". Após ter treinado Rubinho Barrichello, Tony Kanaan e André Ribeiro, Nô dedicou-se à Bia, desde os tempos de kart, não só com orientações sobre o que fazer nas pistas, como também sobre como estruturar sua carreira.

Aos 17 anos, Bruna Tomaselli segue o mesmo caminho, pelas mãos de José Nascimento. No automobilismo desde os oito anos, aos 12 Bruna deixou sua pequena cidade no interior de Santa Catarina e mudou-se para Florianópolis, para fazer parte da equipe de Nascimento. Depois do kart, correu dois anos na Fórmula Júnior, no Brasil, e os bons resultados renderam-lhe um convite para participar da Fórmula 4 Sul Americana na Argentina. O plano agora é conseguir patrocínio para correr a categoria de acesso à Formula Indy nos Estados Unidos.

As incríveis conquistas de Gabriel Medina também devem ser creditadas ao empenho de seu padrasto, Charles Saldanha Rodrigues, o Charlão, que assumiu as funções de pai e técnico, tornando-se fundamental na vida do surfista. Ele controla treinamentos, horários e compromissos e está sempre ao lado de Medina.

Aos 17 anos, Bruna Tomaselli busca seu espaço no automobilismo.

PARA SABER MAIS SOBRE O UNIVERSO PROFISSIONAL DOS ATLETAS RADICAIS
LIVROS:

Ayrton, o Herói Revelado, de Ernesto Rodrigues (Editora Objetiva, 2004)

Gabriel Medina, de Tulio Brandão (Editora Primeira Pessoa, 2015)

Rally Paris-Dakar – O Vírus do Deserto, de André Azevedo e Klever Kolberg (Editora Road Books, 1990)

Sweetness and Blood: How Surfing Spread from Hawaii and California to the Rest of the World, with Some Unexpected Results, de Michael Scott Moore (Rodale, 2010)

SITES:

http://www.worldsurfleague.com

http://www.cbsurf.com.br/portal

http://www.campeonatosdeskate.com.br

http://www.autoracing.com.br

http://www.dakar.com

DESENVOLVEDOR
DE JOGOS DIGITAIS

"OS VIDEOGAMES ESTÃO ENRAIZADOS NA NOSSA CULTURA."
Michael D. Gallagher, presidente da Entertainment Software Association

Os jogos digitais há muito deixaram de ser (apenas) brincadeira de criança. A idade média do consumidor de videogames nos Estados Unidos é de 37 anos. Dos anos 1980 para cá, a indústria de jogos cresceu junto com seus consumidores e hoje fatura mais que o cinema e a música. Só o mercado americano de videogames movimentou mais de 22 bilhões de dólares em 2014. A China vem em seguida, com 18 bilhões de dólares, e o Japão, terceiro colocado, faturou cerca de 12 bilhões de dólares. O Brasil é o quarto maior mercado em número de jogadores e líder na América Latina, mas ocupa apenas o 11º lugar em termos de faturamento, com 1,54% do lucro global.

Somos um mercado novo em termos de produção de jogos, mas a cada ano recebemos mais e mais jovens talentos. A paixão pelo videogame tornou-se a escolha profissional de muitos. E o momento vivido pelo nosso setor de jogos digitais requer agora um amadurecimento: que os jovens desenvolvedores percebam não só a multiplicidade de aplicações dos jogos, como também a complexidade do negócio. Tá na hora de crescer!

AO INFINITO E ALÉM!

Jogadores gostam de desafios e há disputa até em torno de quem foi o pai dos videogames. De um lado, estão os que defendem o nome de Nolan Bushnell, fundador da Atari. De outro, os que levantam a bandeira de Ralph Baer, criador do primeiro console. Há ainda um terceiro time, o dos adoradores de Shigeru Miyamoto, da Nintendo. Mas a verdade é que aqui ganha mais pontos quem não cometer uma injustiça histórica. Pois se os três acima de fato são heróis da indústria de videogames, há também seus precursores.

Há quem diga que tudo começou no respeitável Massachusetts Institute of Technology (MIT), em 1961. Quando surgiu o PDP-1, o primeiro computador com monitor, Steve Russell e seus colegas criaram o Spacewar, um jogo em que se controlava duas naves espaciais e cujo objetivo era fazer os jogadores acertarem torpedos uns nos outros. O Spacewar tornou-se um dos primeiros jogos de computador a ter uma

O pioneiro jogo Spacewar.

distribuição nacional, já que a fabricante do PDP-1, a DEC, decidiu incluí-lo como um programa de teste em cada máquina comercializada. Com isso, chegou a outras universidades dos Estados Unidos e serviu como fonte de inspiração para outros programadores desenvolverem seus próprios jogos.

Nos anos 1970, em consoles domésticos (conectados à TV) ou nos fliperamas, jogos como *Space Invaders*, *Pac Man*, *Mortal Kombat* e outros sucessos viraram febre nos Estados Unidos, contaminando também outros países. Mas nem só de conquistas é feita essa história. No início dos anos 1980, a ganância das empresas inundou o mercado com jogos de baixa qualidade. A gota d'água foi o jogo *ET – O extraterrestre*, feito pela Atari, baseado no grande sucesso do cinema. Feito em apressadas cinco semanas (para chegar às lojas no Natal de 1982), *ET* é considerado o maior fracasso da história da indústria de jogos e causou uma reação legendária: a insatisfação dos consumidores acabou afetando duramente também vários outros produtores de videogames. Reza a lenda que milhares de cartuchos de *ET* foram descartados pela Atari em um aterro sanitário no México.

Ainda na década de 1980, a venda de consoles foi abalada pela expansão dos computadores pessoais. Os gigantes do mercado de jogos – Nintendo, Sega e Sony – seguiram rompendo barreiras, com *Mario Bros*, *Street Fighter* e outros blockbusters. Mas, no raiar do século 21, um novo competidor entrou em cena: a poderosa Microsoft, com o seu Xbox.

Hoje os jogos digitais estão em todo lugar: consoles, computadores e dispositivos móveis, como os telefones celulares e os tablets. Seu uso também explodiu em uma miríade de aplicações: não só no entretenimento, mas também na publicidade, na educação e no que mais seus engenhosos profissionais possam inventar. Um mercado que alia tecnologia e criatividade, de fato não conhece limites.

O BRASIL ESTÁ PRA JOGO!

Com cerca de 35 milhões de jogadores, o Brasil é o quarto maior mercado de videogames do mundo. Mas essa é uma terra sem fronteiras e nossas empresas precisam competir com estúdios estrangeiros, já que os consumidores podem comprar produtos de qualquer lugar do mundo. Tal como em um jogo, há ainda muitos obstáculos a serem ultrapassados.

Em 2014, o BNDES (Banco Nacional de Desenvolvimento) fez uma radiografia do setor, com base em informações de 133 empresas nacionais. No Brasil há uma concentração de empresas em São Paulo (36%), Rio Grande do Sul (11%) e Rio de Janeiro (8%), possivelmente em razão das oportunidades de negócios e da concentração de cursos e faculdades. Na região Nordeste, destaca-se o estado de Pernambuco, onde o Porto Digital agregou diversas empresas de tecnologia e representa um caso bem-sucedido de implantação de política pública.

A maior parte das empresas brasileiras de jogos é de pequeno ou médio porte (a média de funcionários por empresa é de 8,5 pessoas), faturou abaixo de 240 mil reais em 2013 e tem menos de 6 anos de existência. A partir de 2009, o desenvolvimento de jogos para dispositivos móveis e internet tornou-se uma forte tendência. Antes desta data, o setor era muito focado em consoles e jogos para computadores. A evolução da internet de banda larga e o maior acesso às ferramentas de desenvolvimento explicam o recente aumento do número de empresas.

Eliana Russi, diretora-executiva da Associação Brasileira dos Desenvolvedores de Jogos Digitais (ABRAGAMES), explica o perfil e os desafios do nosso mercado: "No Canadá e nos Estados Unidos, há empresas com quatro mil funcionários, como a Eletronic Arts (EA Games) e outras desenvolvedoras de jogos de sucesso. Nesses países, é possível o jovem sair da faculdade e ser contratado por um desses megaestúdios. Aqui, o perfil do mercado é o de produtores independentes. Então, é preciso ter o espírito empreendedor e aprender os caminhos para empreender. Essa é uma grande dificuldade nessa área. Além disso, o jogo é um produto global, isto é: o consumidor brasileiro está habituado a comprar jogos importados. Quando um desenvolvedor brasileiro coloca um jogo digital em uma plataforma, ele tem que ser tão bom quanto os estrangeiros, que contam com orçamentos muito superiores aos nossos. O brasileiro ainda não tem o hábito de consumir os jogos nacionais. Mas isso está começando a mudar".

No ano de 2013, as 133 empresas pesquisadas pelo IBGE produziram 1417 jogos. Desses, 43,8% são jogos educativos, 35,9% são jogos de entretenimento e 13,3% são advergames (jogos criados para fazer publicidade de marcas). Os 7% restantes são jogos de treinamento corporativo, jogos para saúde, simuladores com uso de hardware específico e outros tipos de jogos digitais. O maior número de jogos educativos pode levar à ideia errada de que este seja um setor bem desenvolvido no Brasil. Na verdade, apenas uma empresa produziu 117 jogos educativos.

Eliana vê um potencial estratégico nos jogos educativos: "É um filão promissor, uma vez que o material didático já está migrando, em grande medida, para as formas interativas. Esse é um campo a ser ocupado por empresas brasileiras, pois são elas as mais indicadas para a produção desse conteúdo sobre a nossa história, a nossa língua, etc. Esse nos parece um bom caminho para tornar o mercado de jogos autossustentável".

ENTREVISTA
PÉRSIS DUAIK

Economista de formação, Pérsis Duaik trocou a segurança do emprego em uma multinacional pelo alto risco do mundo dos jogos digitais. Em sociedade com o irmão Ricardo, ele fundou em São Paulo, em 2011, a Duaik Entertainment. Aos 32 anos, alcançou o sonho de muitos desenvolvedores independentes: inspirado na cultura indígena brasileira, o jogo *Aritana e a Pena da Harpia*, desenvolvido por eles, emplacou um contrato de exclusividade com o Xbox One, o console da Microsoft.

Como foi no início?

Meu irmão é designer digital e já trabalhava na área. Eu comecei na área administrativa e comercial. A gente sabia que desenvolver jogos próprios, autorais, não ia dar dinheiro imediatamente e começamos prestando serviços, como produção de sites e de animações 2D e 3D para empresas. Dois anos depois, vimos que essa prestação de serviço nos garantia uma renda a curto prazo, mas, por outro lado, não nos deixava tempo para desenvolver um jogo de qualidade, que nos desse lucro a longo prazo. Decidimos então suspender esses serviços e nos dedicar exclusivamente ao desenvolvimento de jogos. Colocamos todo o nosso dinheiro nisso, o que acontece muito nessa área, uma vez que é difícil achar investidor para um projeto tão arriscado. Esse processo exigiu muita determinação minha e do meu irmão. Exigiu até mesmo sacrificarmos nossa qualidade de vida, como cortar viagens de férias. Mas hoje nos sentimos recompensados ao ver o negócio crescer.

O quão arriscado é esse negócio?

O grau de risco é gigantesco. Em primeiro lugar, em função da concorrência, que é grande, e do lançamento de jogos, que é constante. Se você der uma olhada na loja de jogos da Apple, verá que diariamente são lançados 500 jogos! São 500 novos concorrentes por dia. Quinhentos jogos buscando a atenção do seu consumidor. Esse é o primeiro fator do alto risco. O segundo é o fato de que a indústria de jogos no Brasil ainda é muito nova e as equipes são formadas por pessoas com pouca experiência no gerenciamento do projeto e de torná-lo rentável. Somado a isso, uma outra dificuldade é que no Brasil não sabemos trabalhar em equipe. É comum que a equipe de produção veja a equipe administrativa como um empecilho à sua criatividade. Os estúdios costumam ser muito focados na produção e, quando o jogo fica pronto, não sabem o que fazer com ele.

O que pode ajudar a minimizar esses riscos?

Acho que um caminho são as incubadoras de negócios, pois elas podem ajudar não só no desenvolvimento do produto, como também na estruturação administrativa da empresa de jogos. Quanto ao desenvolvimento do produto, mesmo antes da ideia de como será o jogo, é preciso analisar o mercado, a plataforma a ser usada, etc. Enfim, uma série de perguntas precisam ser respondidas antes de começar a projetar o jogo. Em geral, o jovem que chega hoje ao mercado tem uma capacidade criativa muito grande, mas não tem esse pensamento empresarial. Ele acha que fazer jogo é uma arte e que sua arte não pode ser limitada por questões de mercado. Isso é amadorismo. E, desse jeito, o mercado brasileiro não vai melhorar e crescer.

Qual era a equipe inicial quando vocês fizeram o primeiro jogo, o *Aritana e a Pena da Harpia*?

De início, éramos apenas meu irmão e eu. Tivemos que aprender a programar em dois meses, o que, é claro, não é o ideal. Não somos programadores, a gente apenas aprendeu a se virar. Nós, na verdade, não imaginávamos o tamanho do problema. Pensamos que dava para fazer o jogo em um ano, mas acabamos levando três anos e meio. E tivemos que atuar em todas as áreas: desde a programação até a captação de recursos. Agora já estamos indo para o nosso terceiro jogo e temos mais três pessoas trabalhando com a gente. São pessoas que acreditaram no projeto já que, por sermos uma empresa pequena, não tínhamos como pagar um bom salário. Todos apostaram que, se o jogo ganhasse visibilidade, eles também ganhariam. E, da produção do *Aritana* para cá, passamos por um processo de amadurecimento da empresa. Hoje eu não lido mais com a parte da produção. Precisei abrir mão disso para ver a minha empresa crescer. O Ricardo, meu irmão, é o diretor de produção, e eu sou o diretor administrativo.

A escolha de trabalhar com conteúdo brasileiro foi uma aposta no escuro ou foi algo estudado, calculado?

Foi uma aposta calculada. Jogos americanos ou japoneses estão falando, preferencialmente, com os públicos deles. E o erro dos desenvolvedores brasileiros é tentar falar com esses mesmos públicos para entrar nesses mercados. Copiam o modelo deles, em vez de criar um formato nosso. Ainda que o nosso mercado de jogos independentes seja pequeno, acho menos arriscado produzir jogos para o Brasil do que para os Estados Unidos. O mercado lá é grande, mas a concorrência também. Então, acreditamos que estamos mais próximos do nosso público, conhecemos ele melhor do que os desenvolvedores estrangeiros e isso nos dá uma vantagem competitiva. Estamos desbravando esse mercado. Ainda não tivemos retorno financeiro com o *Aritana*, mas, agora que ele entrou no XBox, acho que isso vai acontecer.

Como foi o processo para entrar no XBox?

O processo é igual para todo mundo: você entra no site do XBox, do Playstation ou do Nintendo, preenche um cadastro e eles analisam o seu produto. Essa análise vai indicar se o seu jogo serve ou não para um videogame. Na verdade, nós fomos abordados primeiro pela Sony, para entrarmos no processo de seleção do Playstation, quando ganhamos o prêmio de melhor jogo pelo voto popular no BIG Festival de 2014. Mas então descobri que eles já tinham 60 empresas brasileiras, enquanto o XBox não tinha nenhuma. Mostrei isso ao XBox e nos tornamos exclusivos deles. Além disso, fui designado por eles como embaixador no Brasil do IG XBox, um programa de desenvolvedores de jogos independentes. Eu apresento jogos brasileiros para eles.

Que conselhos você daria a um jovem desenvolvedor?

O que sempre digo a eles, em palestras, é que não cometam o mesmo erro que eu cometi. Eu criei um jogo dentro de uma "toca". Ninguém soube do meu jogo. E hoje em dia, numa época em que a informação "voa" pelo mundo, é preciso fazer com que as pessoas saibam do seu jogo, é preciso gerar expectativa em torno dele. É importante, por exemplo, participar de feiras, onde olheiros das grandes empresas podem se interessar pelo seu jogo. Outro conselho é trabalhar com ciclos produtivos curtos, pois esse é um mercado que muda muito rápido.

Aritana e a Pena da Harpia, da Duaik Entertainment.

Se você levar três anos para fazer um jogo, isso pode ser muito arriscado, você pode chegar defasado ao mercado. Não só a tecnologia, como também o gosto do público, mudam muito rápido. É preciso estar atento, já que até as formas de comercialização e monetização do jogo mudam e isso terá impacto sobre o seu plano de negócio. O *Aritana*, por exemplo, demorou tanto a ser produzido, que chegamos ao mercado usando uma plataforma que já estava defasada e nossos resultados de venda foram muito ruins.

ENTREVISTA

PAULO LUÍS SANTOS

Paulo era jornalista, mas não estava satisfeito. Largou tudo e foi fazer um "mochilão". Numa lan house em Londres, um anúncio sobre a indústria de videogames chamou sua atenção. Ali fez-se a luz: Paulo entendeu como era vasto o universo profissional em torno do desenvolvimento de jogos. "Eu sempre fui jogador, desde o Atari, mas só então eu vi que, além da programação, havia também game design, arte 2D, arte 3D, interface, produção, áudio, música... Fiquei o dia todo na lan house e fiz plano A, plano B e plano C de como eu ia fazer para mudar de profissão e trabalhar com jogos", conta ele, hoje com 33 anos e sócio da Flux Game Studio, criada em 2012 em São Paulo.

Qual plano vingou e como você entrou no mercado de jogos?

O plano que escolhi foi fazer uma pós-graduação em Desenvolvimento de Jogos no Senac, aqui em São Paulo. Era um curso de dois anos, bem generalista, que me deu uma base na área. Em 2010 fui trabalhar na Level Up! Games, que não é uma desenvolvedora, mas sim uma publicadora de jogos. Em seguida fui para uma concorrente deles, a Aeria Games. Mas eu queria ir para a área de desenvolvimento de jogos. Consegui um emprego de game designer em outra empresa, mas eu tinha tantas ideias diferentes do que eles faziam, que resolvi abrir meu próprio negócio.

Como você fez isso?

Saí da empresa e fiz coaching, plano de negócios... então abri a Flux e virei um empreendedor. Rapidamente percebi que meu plano de negócios não ia dar certo. Eu queria fazer jogos para o consumidor final, mas vi que: primeiro, é um mercado mais difícil de entrar; segundo, era preciso aprender mais sobre isso e ter mão de obra realmente qualificada; e, terceiro, era preciso oferecer um serviço que gerasse caixa para a minha empresa. Então, ao invés do B2C (Business to consumer), nos primeiros dois anos nós atuamos apenas no B2B (business to business), ou seja, construindo jogos para empresas. Só em 2014 começamos a projetar nossa entrada no B2C, com calma, pois, apesar de ser tudo produção de jogos, são duas áreas de negócio que funcionam de formas bem diferentes.

No B2B, que tipo de clientes vocês atendem?

Todo tipo de cliente: empresas de bens de consumo, empresas de serviços, agências de publicidade, etc. Alguns jogos têm o objetivo de atingir o cliente da empresa, outros são feitos para treinamento dos funcionários... são diferentes demandas que podem ser atingidas através de um videogame. E esse é um mercado ainda pouco explorado no Brasil.

Por quê?

Primeiro, porque o jovem que sonha fazer jogos não está pensando em fazer um advergame. Ele quer fazer um jogo para o Playstation que ele joga! Isso quer dizer que muitos profissionais da área negligenciam esse mercado. Já eu acredito que é possível fazer um advergame tão legal quanto qualquer outro jogo que você baixa no celular ou joga no seu computador. O segundo motivo é que esse é ainda um mercado embrionário, no qual os clientes ainda estão aprendendo as possíveis aplicações do jogo e qual o custo disso. Não dá para achar que vai fazer um jogo com cinco mil reais. Mas acho que o mercado vai entender em breve que o jogo é uma mídia, através da qual você pode fazer qualquer coisa. Da mesma forma que você pode fazer um vídeo ou uma revista sobre qualquer assunto, o mesmo vale para o jogo. Com a vantagem de que esse jogo estará na tela do celular, onde hoje as pessoas gastam a maior parte do seu tempo.

Jogo *Escravo, nem pensar!*, da Flux Game Studio.

Jogo *We Topia*, da Sojo Studios.

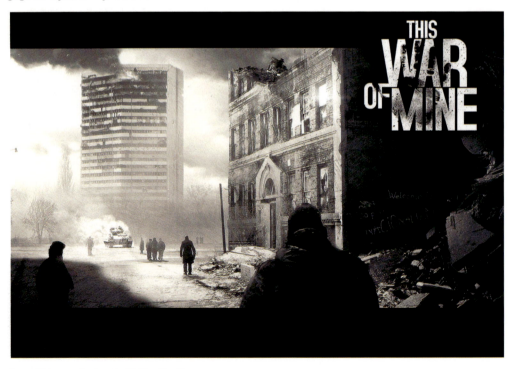

Jogo *This war of mine*, da 11 Bits Studios.

JOGOS DE IMPACTO... SOCIAL!

Os jogos digitais alcançam milhões e milhões de pessoas em todo o planeta. Foi essa multidão de seguidores fiéis que transformou a indústria de videogames no mais forte setor do Entretenimento hoje. Esse poder foi percebido por outros segmentos da economia mundial, que usam os advergames para vender seus produtos. Mas, além de entreter e de vender, os jogos também têm uma enorme capacidade de sensibilizar e de mobilizar. E, assim, passaram a ser usados em causas sociais relevantes. A meta é mudar o mundo!

Na Flux Game Studio, Paulo Luís Santos e sua equipe criaram o *Escravo, nem pensar!*, um jogo sobre trabalho escravo, um grave problema social no Brasil. Feito em parceria com a ONG Repórter Brasil, o jogo de computador tem como público alvo os adolescentes e jovens de escolas públicas do Norte e do Nordeste. A ideia é informá-los e conscientizá-los, através do jogo, para que eles e suas famílias não sejam vítimas do trabalho escravo.

Em 2011, a americana Sojo Studios lançou o jogo *WeTopia* para o Facebook. Nele, os jogadores constroem uma comunidade para oferecer um mundo melhor às crianças. A grande diferença está na forma de gastar o dinheiro virtual. Os jogadores podem doar a moeda "joy" (alegria) para programas reais de alimentação, saúde, educação ou outras campanhas direcionadas a crianças nos Estados Unidos e no Haiti. Como as doações virtuais viram dinheiro real? A receita do *WeTopia* vem de anunciantes e patrocínios empresariais. Metade desse lucro é repassado às instituições, de modo proporcional à doação dos jogadores.

Um grande sucesso de público é o *This war of mine*, lançado pela 11 Bits Studios. Trata-se de um jogo de guerra atípico: nele, ao invés de liderar exércitos, o jogador comanda os civis que estão numa cidade sitiada pela guerra. Com escassez de comida e remédios, que decisões você tomaria? O jogo trabalha questões morais e humanitárias, oferecendo uma perspectiva crítica sobre as guerras. Em parceria com a War Child, organização de caridade voltada às vítimas das guerras reais, a 11 Bits Studios lançou também a campanha *Real war is not a game* (Guerra de verdade não é um jogo), com o intuito de conscientizar os jovens sobre os horrores dos conflitos armados.

ENTREVISTA
MARIO LAPIN

"Jogar é a resposta de como novas coisas emergem", disse o educador Jean Piaget, há muito tempo atrás. "Aprendizagem baseada em jogos é o futuro da educação", completou mais recentemente Bill Gates, o gênio fundador da Microsoft. Mario Lapin, hoje com 34 anos, pressentiu ser esse o seu caminho, quando ainda ninguém no Brasil pensava em unir videogame e educação. Ele criou em 2005 a Virgo, atualmente baseada em São Paulo, e que produz quatro diferentes tipos de jogos: didáticos, infantis, de impacto social e para treinamento empresarial.

Como você entrou no ramo dos jogos digitais?

Eu estudava Engenharia de Telecomunicações e, durante o curso de graduação, em 2003, fui fazer um intercâmbio na França. Eu já era um programador e tinha familiaridade com a computação gráfica, o que tinha a ver com meu perfil de nerd tradicional. Nesse meu estágio em um centro de pesquisa na França, trabalhei na criação de um simulador para as pessoas aprenderem a dirigir retroescavadeiras. Foi um divisor de águas na minha vida, pois trabalhei com pesquisadores de ponta. Voltei ao Brasil decidido a trabalhar com jogos, que são a minha paixão, mas aliando isso ao campo da educação.

E como você fez isso?

Fiz uma pesquisa de mercado e vi que não havia empresas que trabalhassem o videogame como instrumento de aprendizagem. Então me inscrevi numa incubadora de empresas do Instituto Nacional de Telecomunicações (Inatel), em Santa Rita do Sapucaí, em Minas Gerais. Entrei na incubadora em 2005, formei uma equipe e começamos a investigar a aplicação dos jogos no campo da educação. Os primeiros três anos foram dedicados a essa pesquisa, feita com verba concedida pelo CNPq, dentro do seu Programa de Formação de Recursos Humanos em Áreas Estratégicas (RHAE).

O que aconteceu nesses 10 anos da Virgo?

Nesse período, lançamos produtos autorais que não deram muito certo, quase quebramos algumas vezes, até que conseguimos parceiros que investem em educação e que apostaram nessa possibilidade. Hoje temos uma reputação na área além de clientes importantes, como Rede Globo, Unesco e TV Cultura, no Brasil, e o Sesame Street, nos Estados Unidos.

Qual a especificidade dos jogos educativos ou de impacto social?

Acho que a principal diferença é que esses jogos não se justificam em si. Isto é, ele já não é mais o fim, como no caso dos jogos voltados ao entretenimento. Para os jogos educativos ou de impacto social, o fim é o resultado que se quer atingir com eles, seja o aprendizado de algum conteúdo, seja a mobilização social em torno de alguma causa relevante. Se eu crio um jogo educativo que promete ensinar algo, esse objetivo precisa ser atingido. Então, há todo um planejamento para se fazer um jogo que atinja esse resultado. Primeiro, é preciso fazer uma imersão naquele assunto que se vai trabalhar. Logo, a equipe precisa dominar o tema. O processo de criar o videogame é o próprio processo de aprendizagem. É preciso testar o jogo várias vezes e, depois, ter meios de aferir o seu sucesso, ou seja, se de fato as pessoas aprenderam algo com ele. E esse know-how de testar o jogo precisa ser transferido para o cliente, para que também ele possa continuar avaliando os resultados.

Qual o tamanho da equipe da Virgo?

Somos dez profissionais fixos e, de acordo com o projeto, é preciso agregar especialistas da área em questão. Entre os profissionais fixos, nós temos game designers, UX designer (user experience designer), artistas, programadores, técnicos voltados para a qualidade dos jogos e especialistas em aprendizagem, além de um profissional de comunicação. Uma característica da Virgo é que aqui não temos cargos, mas sim papéis a serem desempenhados em cada projeto, o que permite que nossos profissionais transitem por diferentes funções, dependendo de seus interesses e habilidades.

Mundo Esperança, desenvolvido pela Virgo, une videogame e educação.

Aquiris Studio

YES, NÓS TAMBÉM TEMOS ESTÚDIOS GRANDES!

OK, não são grandes como os estúdios estrangeiros, que têm milhares de funcionários e verbas de milhões de dólares para a produção de seus jogos, mas nós já temos empresas brasileiras despontando no mercado lá fora. Com 1,5 milhão de downloads e público formado por jogadores de países como Estados Unidos, Canadá e Alemanha, o RPG *Knights of Pen & Paper* transformou-se em uma das principais vitrines dos jogos independentes produzidos no Brasil. Lançado em 2012 pela brasiliense Behold Studios, o jogo foi desenvolvido após um momento de crise existencial da empresa, que quase levou ao seu fechamento.

A Behold foi fundada em 2009, voltada para a produção de advergames. Dois anos depois, veio a mudança de sócios e a descoberta de seu verdadeiro perfil: a criação de jogos autorais

de entretenimento. Acertaram em cheio: o *Knights of Pen & Paper* foi para o Top 5 (os melhores cinco jogos) do Google Play. Isso sem nenhum trabalho de divulgação, apenas através da resposta dos consumidores.

Hoje o *Knights* já recebeu vários prêmios e tem uma comunidade de um milhão de jogadores. Isso permitiu que o jogo seguinte da Behold, o *Chroma Squad*, fosse financiado pelos próprios jogadores. A Behold colocou o projeto no Kickstarter, o maior site de financiamento coletivo do mundo, e, em apenas uma semana, alcançou a meta de 55 mil dólares para a sua produção. A empresa segue em frente como uma das principais referências do mercado brasileiro, com 16 jogos no currículo e... doze funcionários!

Situada em Porto Alegre, a Aquiris é uma das maiores empresas de jogos do Brasil, com 45 profissionais. Criada em 2007, ela se estruturou a partir da prestação de serviço, produzindo realidade virtual (para empresas de aviação, construção civil e indústria automotiva), advergames e jogos casuais para terceiros. Mas, desde 2010, migraram para a produção de jogos de entretenimento próprios. Essa é uma aposta de crescimento, o que quer dizer internacionalização. E está funcionando: atualmente, quase 100% do faturamento da Aquiris vem do mercado externo.

"O mercado de publicidade financiou o nosso aprendizado na produção de jogos, pois durante três anos mergulhamos fundo nos advergames, que eram ainda uma novidade. Hoje não fazemos mais advergames, pois estamos integralmente no ramo do entretenimento. Mas é importante dizer que só passamos a produzir jogos próprios depois de seis anos de empresa. Um passo fundamental na história da Aquiris foi quando a Unit Technologies, que produz o software Unit, que usamos para fazer os jogos, nos convidou para fazermos uma demonstração técnica da versão 3.0 do software. Ou seja, produzimos uma espécie de tutorial do Unit. Isso quer dizer que, quando ele foi lançado, todas as empresas que compraram o software viram a nossa demo. Isso nos abriu muitas portas, uma vez que o Unit se tornou a principal ferramenta para a produção de jogos", explica Israel Mendes, um dos sócios da Aquiris.

O alto padrão de qualidade da Aquiris lhe garantiu clientes importantes, como Cartoon Network, Nickelodeon e Warner. O jogo *The Great Prank War*, feito para o Cartoon Network, entrou na seleção dos melhores de 2014 da App Store. Sucesso de público e crítica, na ocasião do lançamento foi um dos aplicativos mais baixados na América Latina na plataforma iPad. O mesmo aconteceu com outro jogo feito pela Aquiris para o Cartoon Network, o *Copa Toon*. Em 2014, a Aquiris vendeu 25% de sua operação para a CRP Companhia de Participações, gestora pioneira de fundos de capital de risco no Brasil. Israel diz que o plano é multiplicar o investimento, desenvolvendo jogos proprietários que gerem valor para a Aquiris: "Queremos aumentar nossa presença nos Estados Unidos e transformar a Aquiris no principal estúdio da América Latina, tornando-o globalmente reconhecido".

Jogadores testam novo videogame da Nintendo na Electronic Entertainment Expo, em Los Angeles, em 2016.

FESTIVAIS E FEIRAS

No ramo dos jogos digitais, o calendário de festivais e feiras é intenso. No mundo todo, e também no Brasil, existem vários eventos voltados para o público consumidor, e outros tantos voltados para os players desse mercado, como os estúdios desenvolvedores e as empresas publicadoras. Frequentar esses festivais e feiras é fundamental para compreender a dinâmica do segmento e construir uma rede de relacionamento com clientes e parceiros.

"A nossa estratégia principal de internacionalização é a presença nesses eventos. Para se ter uma ideia, nos últimos três anos eu viajei 18 vezes aos Estados Unidos", explica Saulo Camarotti, da Behold Studios. Foi assim que começou a parceria com a publicadora sueca Paradox, que lançou uma versão do Knights of Pen & Paper e agora financia o próximo projeto da Behold.

No exterior, alguns eventos importantes são a Game Connection Europe, que acontece em Paris; a Game Developers Conference e o Independent Games Festival, ambos em São Francisco; e o IndieCade (International Festival of Independent Games), também na Califórnia, mas em Los Angeles. Foi na Game Connection Europe, por exemplo, que a Flux Game Studio fechou contrato com uma publicadora italiana para o seu Futepop, um jogo de quiz sobre futebol.

Em São Paulo acontece o BIG Festival (Brazil's Independent Games Festival), o maior festival de jogos independentes da América Latina. A cada edição, o BIG expõe os melhores jogos independentes do ano do mundo inteiro. Em 2015, foram quase 700 jogos inscritos e o evento atraiu mais de 12 mil pessoas, entre público e profissionais. Além do festival, acontece também o BIG Business Fórum, com palestras, encontros e rodadas de negócios para o fortalecimento da indústria nacional de videogames. Já para os consumidores brasileiros, acontece em São Paulo a Brasil Game Show, uma das maiores feiras de jogos do mundo.

OS CAMINHOS DA FORMAÇÃO

Os estúdios de desenvolvimento de jogos sinalizam um problema: a falta de profissionais qualificados no mercado. Segundo alguns, os cursos de designer de jogos (game designer) no Brasil tendem a ser muito generalistas. Entre os cursos elogiados estão aqueles da Universidade Anhembi Morumbi, da Universidade Cruzeiro do Sul (UNICSUL) e da Pontifícia Universidade Católica (PUC-SP), todos em São Paulo; o da Faculdade de Ciências Sociais e Aplicadas (Facisa), na Paraíba; e o da Feevale, no Rio Grande do Sul. Mas existem mais de 40 cursos por todo o Brasil. Também na capital paulista, o Senac oferece um ótimo curso de pós-graduação. No exterior, algumas boas alternativas são a Vancouver Film School e The Art Institute of Vancouver, ambas no Canadá; e a Supinfocom Rubika, na França. Nos Estados Unidos, há um número enorme de opções. Já os profissionais de programação são, em geral, oriundos das faculdades de Ciência da Computação. É o caso de Saulo Camarotti, da Behold Studios, formado pela Universidade de Brasília (UnB), e de Jeferson Valadares, que fez o bacharelado e o mestrado na Universidade Federal de Pernambuco (UFPE). Jeferson Valadares é vice-presidente de Desenvolvimento de Produto da Bandai Namco Entertainment America, na Califórnia. Veterano da indústria brasileira, Jeferson foi um dos sócios-fundadores da Jynx Playware em 2000, e trabalhou na Finlândia e na Inglaterra antes de se mudar para os Estados Unidos. Jeferson já trabalhou com diversas marcas de sucesso, como Dragon Age, FIFA e Digimon.

Para terminar, vale lembrar que o desenvolvimento de jogos envolve o trabalho de vários outros tipos de profissionais, abrangendo desde a parte artística e técnica, até a administração e o marketing. É só descobrir o seu perfil, buscar a formação adequada e se jogar na carreira, que o futuro promete.

PARA SABER MAIS SOBRE O UNIVERSO PROFISSIONAL DOS DESENVOLVEDORES DE JOGOS

LIVROS:

A guerra dos consoles – Sega, Nintendo e a batalha que definiu uma geração, de Blake J.Harris (Editora Intrínseca, 2015)

GAMEDEV – Fazendo carreira no mundo dos jogos digitais, de Raphael Dias (e-book, 2014)

Game Design: Modelos de negócio e processos criativos, de Vicente Mastrocola (Cengage Learning, 2015)

Jogos Digitais: Como fazê-los?, de Pérsis Duaik (e-book, 2015)

Level Up: Um guia para o design de grandes jogos, de Scott Rogers (Blucher, 2013)

The theory of fun for game design, de Raph Koster (Paraglyph Press, 2004)

SITES:

http://producaodejogos.com

http://www.abragames.org

http://gamedeveloper.com.br

http://www.braziliangamedevelopers.com.br

http://gamereporter.uol.com.br

Jogador na feira Gamescom, na Alemanha, em 2015.

BLOGUEIRO E YOUTUBER

"BROADCAST YOURSELF."
Slogan do YouTube

"INTERNET É O TECIDO DE NOSSAS VIDAS NESTE MOMENTO."
Manuel Castells, sociólogo

A internet mudou o mundo. Ou, pelo menos, a parte do mundo que está conectada a ela: 3 bilhões de pessoas, segundo relatório da ONU de 2015. No Brasil, quase 60% da população tem acesso à internet. Nas últimas décadas, os canais de comunicação cresceram exponencialmente e abriram caminho para que não só profissionais, mas também o cidadão comum, ocupassem esse espaço.

A internet possibilitou que os indivíduos deixassem de ser meros espectadores das mídias convencionais e grandes conglomerados de comunicação, para se tornarem também criadores, produtores e desenvolvedores de informação, de conteúdo, de formatos e de ideias, conectando-se uns aos outros e agrupando-se em torno de interesses comuns.

O avanço tecnológico criou diferentes plataformas e a cultura do compartilhamento segue "viralizando" conteúdos para milhares – às vezes, milhões – de usuários da internet mundo afora. Como consequência, alguns produtores de conteúdo na rede hoje têm números impressionantes de seguidores, o que lhes garante grande poder de influência e faz do seu canal de comunicação um importante negócio.

YOUTUBERS: UM FENÔMENO JOVEM

Com um bilhão de acessos, brasileiro leva um milhão por ano no YouTube, diz a manchete da *Folha de São Paulo* sobre Pedro Afonso Rezende, de 19 anos, dono do canal Rezende Evil no YouTube, sobre games. Seu faturamento de um milhão de reais por ano vem dos anúncios que acompanham seus vídeos. Essa renda é acrescida em 50% a 60% com a participação em eventos e comerciais.

"O Brasil já é o segundo país em tempo de vídeos assistidos na plataforma, atrás somente dos EUA. Uma pesquisa encomendada pelo Google, no segundo semestre de 2014, revelou que somos 70 milhões de espectadores de vídeo online no país, consumindo, em média, 8,1 horas semanais de vídeos na web. E os jovens representam uma fatia bem generosa desse público", explica Manuela Villela, gerente de parcerias do YouTube.

Em 2015, uma pesquisa da revista americana *Variety* apontou que, das dez figuras mais importantes para o público entre 13 e 18 anos, oito são youtubers. Aqui no Brasil, um

A youtuber Kéfera Buchmann.

levantamento feito pelo Meio&Mensagem, a Google e a Provokers mostrou que, na faixa etária de 14 a 17 anos, dos dez mais influentes, cinco são youtubers.

"A forma como lidamos com entretenimento mudou muito nos últimos anos. Hoje, não estamos mais satisfeitos em apenas consumir conteúdos, queremos interagir, opinar, dizer se gostamos ou não, e o YouTube é uma plataforma incrível para isso. Todos esses youtubers de sucesso entendem essa nova realidade e fazem excelente uso disso. Ao falar diretamente com o seu público e abordar assuntos cotidianos e pessoais, criam um relacionamento com os fãs que, em muitos casos, é muito mais forte que o relacionamento entre uma estrela pop e seus fãs, por exemplo. O fã de um youtuber, principalmente o jovem, faz parte de uma comunidade que tem um contato direto com o seu ídolo e isso é incrivelmente poderoso", comenta Manuela Villela.

Trata-se de um fenômeno majoritariamente feito e consumido por jovens. Entre os principais youtubers brasileiros, estão Whindersson Nunes, de 21 anos, com mais de 9 milhões de inscritos no seu canal; Kéfera Buchmann, de 22 anos, com cerca de 8,6 milhões de inscritos no canal *5inco minutos*; e Christian Figueiredo, também de 22 anos, do canal *Eu fico loko*, com mais de 5 milhões de seguidores. Oriundos de diferentes partes do país e com histórias de vida bem distintas, esses três são exemplos bastante característicos da Geração Youtuber: o que começou como brincadeira despretensiosa, acabou virando profissão e negócio. Todos três já chegaram a um rendimento mensal que ultrapassa a centena de milhares de reais.

O piauiense Whindersson era garçom. O sucesso de seus vídeos bem-humorados o levou a uma carreira de artista: além da produção de vídeos para o canal no Youtube, Whindersson faz shows de stand up comedies por todo o Brasil e já lançou cd com suas músicas de maior repercussão na internet. A curitibana Kéfera, que queria ser atriz, chegou ao cinema – como protagonista do filme *É fada* – no rastro do impacto de seus vídeos, que também apelam para o humor. Produziu ainda um best-seller, seu livro *Mais do que 5inco Minutos*, que em 2015 ficou em segundo lugar entre os livros de não ficção, com 186 mil exemplares vendidos. O paulista Christian não fica atrás: em 2015 lançou dois livros, sendo que um deles se tornou o terceiro mais vendido no gênero não ficção, com mais de 170 mil exemplares.

Não só os números de inscritos nos canais dos youtubers famosos, mas também os números de visualizações dos seus vídeos dão a dimensão de sua influência. Segundo Manuela Villela, no Brasil existem 31 canais no YouTube com mais de 500 milhões de visualizações e mais de 100 canais com mais de um milhão de visualizações. A paródia de Kéfera para uma música da cantora Anitta, por exemplo, teve mais de 30 milhões de visualizações. Assim, eles não demoraram a serem descobertos por marcas famosas e emissoras de TV. Christian já fez ações de marketing para gigantes como a Coca-Cola e a Disney e ganhou um quadro no *Fantástico*, da TV Globo. O perfil jovem dos youtubers e sua capacidade de atrair fãs gerou a profissionalização de seus canais na internet. Segundo Manuela Villela, esse sucesso comercial tende a mudar o conteúdo dos canais: "As pessoas vão começar a criar conteúdo com olhar de negócios. Já temos um histórico de sucesso para contar".

Show do youtuber Whindersson Nunes.

A blogueira Camila Coutinho na Paris Fashion Week, em 2015.

DESBRAVADORES DO MUNDO VIRTUAL: OS BLOGGERS

Os blogs surgiram no final dos anos 1990, como um espaço onde os internautas podiam relatar notícias, desenvolver artigos ou até utilizar como diário. Em 1999, existiam cerca de 50 blogs no mundo. Em 2012, esse número já havia pulado para 112 milhões. A popularização dos blogs foi impulsionada pelo surgimento, em 1999, de dois serviços gratuitos de construção desse tipo de website, o Pita e o Blogger, ferramentas de fácil uso, que prescindiam de conhecimentos técnicos mais elaborados. Assim, em sua origem, o blog tinha um caráter mais pessoal, imbuído da personalidade de seu autor. Porém, sua ampla penetração na sociedade proporcionou o desenvolvimento de modelos profissionais e corporativos destes sites. Em paralelo, os blogs pessoais foram se profissionalizando, sendo procurados por grandes marcas que buscavam associar-se a eles.

Ainda hoje, a maioria dos blogs presentes na internet preserva um perfil individual, muitas vezes assemelhando-se a um diário virtual. Por meio desses "diários", anônimos tornaram-se celebridades dentro e fora da rede. Um caso notório no Brasil é o de Raquel Pacheco, conhecida como Bruna Surfistinha, uma garota de programa que passou a relatar seus encontros sexuais na internet. O sucesso do seu blog gerou um best-seller e um filme de grande repercussão.

A profissionalização dos blogs pessoais e sua transformação em negócio é particularmente notável no mundo da beleza e da moda. Ao entrarmos no século XXI, as blogueiras desses segmentos tornaram-se um fenômeno: a popularidade de seus sites elevou-os ao status de canal de comunicação tão relevante quanto a mídia tradicional, transformando-os também em importante ferramenta de marketing para as empresas do ramo. Os blogs tornaram-se um meio de publicidade tão eficaz, que ser blogueiro se tornou uma profissão.

Em 2006, a recifense Camila Coutinho criou o blog *Garotas Estúpidas*. A intenção era escrever sobre moda, beleza e celebridades para as amigas. Em pouco mais de um ano, o endereço já tinha alcançado 2 mil acessos por dia, o que chamou a atenção do pai de Camila para a sua potencialidade enquanto negócio. Camila registrou o nome e passou a monetizar o blog através do Google AdSense, o sistema de anúncios do

Google. Em pouco tempo, os valores recebidos ultrapassaram o salário de designer de moda que Camila recebia trabalhando em uma estamparia, e ela resolveu se dedicar exclusivamente ao seu site. Logo começaram a surgir também as marcas de moda e beleza interessadas em anunciar no seu canal.

Hoje o *Garotas Estúpidas* tem uma média de 6 milhões de pageviews por mês e está em quinto lugar no ranking dos 99 blogs de moda mais influentes do mundo, de acordo com o site Signature 9. Seguindo a tendência a partir da emergência das redes sociais, o *Garotas Estúpidas* está presente também no Instagram (775 mil seguidores), no YouTube (270 mil inscritos), no Twitter (276 mil seguidores) e no Facebook (mais de 600 mil pessoas já curtiram a página). Aos 26 anos, Camila não é mais apenas uma blogueira, é também empresária: licencia produtos, faz parcerias com grandes marcas (com participação em campanhas e eventos) e possui departamentos comercial e financeiro para dar conta disso tudo!

Segundo dados do Google Insight, de 2007 a 2012 a busca pela expressão "blog de moda" cresceu 2.275% — mil vezes mais do que as buscas por todos os termos da categoria moda. Esse é apenas um dos indicadores que explicam como os blogs passaram a ser um elemento fundamental do marketing digital. No caso específico da moda, esse sucesso levou ao surgimento da rede FHits, que comercializa a publicidade dos trinta blogs de moda e lifestyle de maior audiência no Brasil.

ÉTICA NA BLOGOSFERA

A reflexão aqui vale também para as demais plataformas virtuais nas quais pessoas passam a desempenhar o papel de formadores de opinião, mas vamos tomar os blogs como exemplo – particularmente os de moda. Na maior parte deles, a blogueira (ou blogueiro, pois os homens também atuam nesse nicho) publica cotidianamente o "look do dia", postagem na qual posa para fotos usando determinadas roupas e acessórios. Há ainda outros formatos de post, a maioria com dicas de produtos — roupas, cosméticos, etc. Essas dicas são seguidas e compartilhadas por seus milhares de fãs. O problema surge quando essa "dica" é, na verdade, uma publicidade disfarçada.

O chamado publieditorial, publipost ou "post pago" são postagens feitas para divulgar ou vender algum produto ou serviço através do blog. Apesar de serem financiados pela empresa anunciante, estes posts se parecem com os demais do blog, não se assemelhando a anúncios. É aí que mora a questão. Segundo o Código do Consumidor, toda mensagem publicitária precisa ser identificada enquanto tal. É contra a lei não identificar o publipost. Só que há vários casos (e não só em blogs, mas também em postagens no Instagram, por exemplo) em que ele acontece. Além de ilegal, essa é uma prática antiética. A longo prazo, afeta a credibilidade do blog junto aos seus leitores – fazendo com que este deixe também, aos poucos, de ser interessante para os anunciantes.

Um dos principais blogueiros de moda masculina no Brasil, Kadu Dantas também tem canal no YouTube.

VOCAÇÕES

ENTREVISTA

CRIS GUERRA

A publicitária mineira Cris Guerra foi a pioneira dos blogs de look diário no Brasil com o *Hoje vou assim*, criado em 2007. Naquela época, os blogs ainda estavam engatinhando no país. A proposta do *Hoje vou assim* foi, desde o início, fazer um "editorial de moda da vida real", como define a própria criadora. O blog tem hoje 280 mil seguidores. A boa repercussão rendeu à Cris importantes parcerias com marcas de moda, bem como convites para dar palestras por todo o Brasil e também para atuar em veículos da mídia tradicional (Cris tem uma coluna diária sobre moda e comportamento na rádio Band News FM de Belo Horizonte, é colunista da revista *Pais e Filhos* e foi cronista da *Veja BH*). Seguindo o boom das plataformas mais recentes, ela tem seu canal no YouTube e contas no Instagram e no Twitter.

Seu blog é seguido por milhares de leitores. Que cuidados você tem na produção desse conteúdo?

O primeiro cuidado é com a originalidade, e, se eu citar alguma coisa, mencionar a fonte. O segundo cuidado é fazer alguma coisa que tenha muito a ver comigo, porque uma das principais características de um blog é ser autoral. Blog é um espaço que reflete o seu ponto de vista. Mesmo que ele tenha colaboradores, é o seu nome que está lá, endossando aquele conteúdo. A terceira questão é a preocupação com a credibilidade. Se tiver um publieditorial, ele vai ser sinalizado enquanto tal.

Como foi o processo de profissionalização do seu blog?

Eu criei o blog em 2007 e em 2010 deixei a agência de publicidade onde trabalhava e passei a me dedicar exclusivamente ao *Hoje vou assim*, fazendo com que ele passasse a ser minha principal fonte de renda. Atualmente as palestras cresceram muito e já se tornaram mais rentáveis que o blog.

VOCAÇÕES

Você cuida de tudo sozinha?

Não, hoje tenho a assessoria de uma agência que cuida de tudo em relação ao blog (publicidade, parcerias etc) e à minha imagem (como por exemplo a presença em eventos), com exceção das palestras, que ficam a cargo de uma empresa especializada, da qual faço parte do casting.

Qual a sua preocupação quanto à relação do blog com as marcas anunciantes?

Meu maior patrimônio é a minha verdade. Não adianta nada eu vestir uma roupa que não tem nada a ver comigo, por isso recuso inúmeras propostas comerciais. E acredito que assim, tendo uma verdade, o blog torna-se um lugar muito interessante de observação para as marcas. Torna-se uma vitrine, talvez mesmo um banco de dados, para que as empresas prestem atenção nos consumidores. Do que eles gostam? O que os incomoda? Que tipo de postagem faz mais sucesso? É um campo de pesquisa muito interessante.

Hoje as marcas estão de olho e investem grande parte da publicidade nos blogs. Por que esse tipo de mídia se tornou tão atraente para elas?

Os blogs permitem aos produtos um contato mais segmentado com seu público – inclusive na área dos comentários, que é um canal considerável para diálogo entre marcas e consumidores. Antes, o leitor de uma revista recebia a informação de moda como uma imposição – a moda era feita de cima para baixo. Hoje, as mensagens caminham em todas as direções, pessoas recomendam produtos umas às outras, leitores trocam informações e opiniões – não apenas através dos blogs, mas das redes sociais como um todo. Os blogs apresentam uma nova forma de interação e acabam funcionando como um canal produtivo e bastante útil às marcas que querem conhecer melhor seus consumidores ou até mesmo seus críticos.

Por que decidiu produzir um canal no YouTube?

O YouTube é o novo blog. As pessoas querem movimento, querem dinamismo. Acho que é um caminho natural.

O YOUTUBE E O "BROADCAST YOURSELF"

O site YouTube foi lançado em 2005. Era um entre os vários serviços concorrentes que tentavam eliminar as barreiras técnicas para maior compartilhamento de vídeos na internet. O site disponibilizava uma interface simples, dentro da qual o usuário podia fazer o upload, publicar e assistir vídeos em streaming, sem a necessidade de altos níveis de conhecimento técnico. O YouTube ainda ofereceu funções básicas de comunidade, tais como a possibilidade de se conectar a outros usuários como amigos, e gerava URLs e códigos HTML que permitiam que os vídeos pudessem ser facilmente incorporados em outros sites. No entanto, o que o YouTube oferecia era similar a outras iniciativas da época.

O momento da virada chegou em 2006, quando o Google pagou 1,65 bilhão de dólares pelo YouTube. Em 2008, ele já despontava entre os dez sites mais visitados do mundo e hospedava em torno de 85 milhões de vídeos, respondendo por 37% de todos os vídeos assistidos nos Estados Unidos. Um fenômeno sem precedentes.

Nesse processo, a mudança de slogan sinalizou o novo posicionamento do site. O slogan *Your Digital Video Repository* ("Seu Repositório de Vídeos Digitais") mudou para *Broadcast yourself* (algo como "Transmita-se"). Como empresa de mídia, o YouTube é uma plataforma e um agregador de conteúdo, embora não seja uma produtora do conteúdo em si. O que o YouTube faz é disponibilizar uma plataforma conveniente e funcional para o compartilhamento de vídeos online: os usuários fornecem o conteúdo, que, por sua vez, atrai novos participantes e novas audiências.

Mais recentemente, a enorme popularidade de determinados canais e sua decorrente potencialidade comercial levou o YouTube a criar ferramentas de aprimoramento da atuação do usuário produtor de conteúdo, como a Escola de Criadores e o YouTube Space.

"A Escola de Criadores do YouTube é um projeto onde compartilhamos todas as melhores práticas para a criação de um canal otimizado e alinhado com nossas políticas. É a universidade para um novo criador. Temos uma parte, por exemplo, onde os top criadores de vários lugares do mundo dividem com a audiência alguns pontos importantes para o desenvolvimento de um canal de sucesso", explica Manuela Villela. Os vídeos ficam disponíveis no site do YouTube. No material brasileiro, por exemplo, há dicas de Felipe Castanhari, hoje com mais de 6 milhões de assinantes no seu canal *Nostalgia*, sobre como interagir com os fãs.

"Já o YouTube Space é um lugar para quem quer investir em seu canal", comenta Manuela. No YouTube Space em São Paulo, o estúdio de gravação pode ser usado por donos de canais com mais de 2,5 mil assinantes. Os cursos e workshops podem ser frequentados por qualquer youtuber.

Fora essas iniciativas do YouTube, começam a surgir no Brasil profissionais de assessoramento desses produtores de conteúdo. Há um segmento forte de agenciamento de carreira de youtubers, a exemplo do que já acontecia com artistas de TV. Outro ramo que demonstra o amadurecimento desse mercado são as networks. Elas são empresas agregadoras de youtubers e fazem o gerenciamento operacional e comercial dos canais. No Brasil, temos a atuação de networks nacionais e internacionais. Também as agências digitais desempenham um papel importante, fazendo o elo entre os youtubers e o mercado publicitário.

Entre as networks que atuam no Brasil, a Paramaker, criada pelo youtuber Felipe Neto é a maior: reúne mais de mil canais brasileiros, entre eles o *5inco Minutos*, da Kéfera. O principal canal brasileiro no YouTube, o *Porta dos Fundos*, faz parte da estrangeira Fullscreen. Com mais de 9 mil canais associados, ela é a terceira maior network do mundo.

O sucesso de um youtuber, no entanto, começa com uma receita simples, segundo Manuela: "Acho que a primeira coisa que esse jovem precisa pensar é em algo que ele faz e de que gosta muito. Porque é essa autenticidade o ponto principal que vai ajudá-lo a trilhar uma carreira. Mas é importante também buscar referências, tanto do Brasil como de fora, de youtubers bem-sucedidos. Outra coisa é estudar a fundo os recursos que o YouTube disponibiliza hoje. Acho que essa é a receita básica do bolo".

ENTREVISTA
—— TATIANY LEITE ——

Tatiany Leite, de 23 anos, é louca por livros. E assim tornou-se uma booktuber, ou seja, uma youtuber que fala de literatura. Com mais cinco amigos, ela produz o canal *Cabine Literária*, que hoje tem quase 140 mil inscritos. Mais do que fazer resenhas e dizer se gostaram ou não de um livro, os booktubers gostam de falar de hábitos de leitura. A ideia é trocar experiências a respeito do prazer de devorar página por página e combater os estigmas sobre determinados segmentos. "Sempre falamos que as pessoas devem deixar de lado a mochila do preconceito. Tudo é válido", defende Tatiany. Os títulos dos vídeos dão uma ideia de como o humor está sempre presente: "Clarice Lispector quebra-barraco" e "Só os fracos criticam Paulo Coelho" são dois bons exemplos.

O público-alvo está na faixa dos 18 aos 25 anos e a repercussão do canal atraiu patrocinadores de peso, como o McDonald's e o site de vendas OLX. Quem também está de olho nesse time são as editoras, que enxergam nas estrelas da internet uma importante ferramenta de divulgação. A dica de um youtuber costuma funcionar como se um amigo estivesse indicando um livro.

Como você virou youtuber?

Aos 10 anos, comecei a escrever um blog. Eu sempre quis ser jornalista. Em 2007 fui selecionada pela *Capricho*, que escolheu 100 garotas menores de 16 anos, por todo Brasil, para escreverem para a revista e também para o blog deles. Em 2009 entrei para a MTV, como aprendiz de produção. Eu tinha 16 anos e propus a eles escrever um blog sobre literatura dentro do portal da MTV, o *Para ler um livro*. Fiquei lá até 2012 e depois fui trabalhar em uma editora, até que o pessoal do *Cabine Literária* me chamou para integrar a equipe do canal. Na verdade, meu envolvimento com youtubers já vinha de antes, pois eu cheguei a trabalhar também em uma agência, desenvolvendo projetos para vários canais, ou seja, produzindo conteúdo para eles. Hoje, além de fazer o *Cabine Literária*, trabalho no YouTube Space.

Como aconteceu o processo de profissionalização dos canais?

Todo mundo começou no YouTube sem saber muito bem o que estava fazendo. Era ligar a câmera e falar algumas coisas. Mas a concorrência e a repercussão dos youtubers, bem como as novas demandas que surgiram para eles (como as oportunidades comerciais), obrigaram a um caminho de profissionalização. O que significou pensar melhor o roteiro, ter melhores equipamentos e colocar no ar periodicamente um determinado conteúdo. Implicou também em ter equipe e delegar tarefas, como por exemplo a edição dos vídeos ou o relacionamento comercial com as marcas. E a realidade é que esse processo de profissionalização está crescendo. Cada vez tem mais gente vivendo disso.

E como é a sua atuação profissional no YouTube Space?

Eu sou coordenadora de produção aqui de São Paulo, responsável por todo o relacionamento com os criadores de canais. Coordeno os workshops, inclusive escolhendo os criadores que vão participar deles. Nós temos workshops diários, sobre vários temas, e os youtubers participantes são escolhidos por nós. Além disso, temos aqui um estúdio e uma ilha de edição e sou eu quem ensina aos criadores como fazer uso desses equipamentos – ou seja, trabalho no apoio à produção deles quando estão aqui, utilizando as facilidades do YouTube Space. Nós atendemos a cerca de 2.500 criadores por mês.

Quais as suas preocupações ao abordar a literatura no seu canal?

A principal preocupação é combater qualquer tipo de preconceito. Aqui falamos de Machado de Assis a Paulo Coelho. A outra preocupação é não soar pedante, chata. Uma estratégia, por exemplo, foi relacionar fatos da atualidade (de acontecimentos sérios a bobagens que viralizam nas redes sociais) a sugestões de livros. Outra coisa legal é que no *Cabine Literária* somos seis pessoas, cada um com um gosto literário bem diferente, o que contribui para uma diversidade de opiniões e sugestões. Porém, eu tenho ainda uma outra preocupação: não falo sobre livro de que não gostei. Se não gostei, não falo sobre ele. É uma questão ética: eu quero é incentivar a leitura e não impedir que a pessoa leia determinado livro.

Os youtubers têm noção do poder de influência que exercem?

Acho que a gente só passa a ter noção quando acontece alguma coisa que explicita isso para a gente. Por exemplo, é claro que eu sei que muita gente compra os livros que eu indico, mas outro dia aconteceu algo que chamou a minha atenção. Recebi um e-mail de uma pessoa que disse que havia tirado 900 pontos na redação do Enem – e por isso passado para uma universidade pública – e dizia que tirou essa nota porque usou como base o meu vídeo sobre o livro *Vidas Secas*, do Graciliano Ramos! Ela escreveu para me agradecer e eu fiquei muito feliz, é claro, em pensar que posso ter contribuído para a entrada dela na faculdade!

ENTREVISTA

JULIA TOLEZANO,
A JOUT JOUT

O canal *Jout Jout Prazer* no YouTube tem 900 mil inscritos. É bem provável que cada uma dessas pessoas tenha a impressão de ser amiga da Julia. O visual despojado e o tom de conversa dos vídeos dão essa sensação. E foi assim mesmo que surgiram, em 2014: como vídeos que Julia fazia para mostrar aos amigos, tratando de questões cotidianas, angústias, reflexões e descobertas. Curiosamente, ela começou a postá-los também como forma de superar a dificuldade em mostrar para os outros as suas produções – tinha pavor das críticas. O incentivo dos amigos levou Julia a tornar públicos os vídeos no YouTube e daí para a notoriedade, foi um pulo! E foi também uma solução: formada em jornalismo, não era mais esse o caminho que Julia queria seguir. Hoje, com 25 anos, ao preencher sua profissão em ficha de hotel, ela escreve: youtuber!

O vídeo de maior sucesso do canal é o *Não tira o batom vermelho*, sobre relacionamentos abusivos, que já ultrapassou os dois milhões de visualizações. Na página desse vídeo no YouTube, há quase quatro mil comentários e entre eles predominam os relatos de jovens mulheres que viveram situações semelhantes e que agradecem à Julia por ter abordado o assunto.

Você fala de temas difíceis, como relacionamentos abusivos e homofobia, e de temas íntimos, como coletor menstrual e masturbação feminina. E fala sempre de uma forma sincera e direta, porém leve. Como escolhe seus assuntos?

Eu escolho de forma bem aleatória. Muitas vezes, quando ligo a câmera eu ainda não sei sobre o que vou falar. Escolho o tema baseado em algo que chamou a minha atenção na semana, algo que me fez pensar. Mas tenho algumas regras; por exemplo, nunca fazer discurso de ódio e nunca ofender alguém. E também não falo de política, pois não entendo nada sobre o tema e evito falar de assuntos sobre os quais não sei falar.

Como é a sua relação com os fãs?

É curioso, porque as pessoas te amam muito. Mas na verdade o que elas amam é uma ideia que fizeram de você, a partir dos seus vídeos. Então eu tenho esse cuidado comigo de não embarcar nessa de que estou sendo amada por todos. O mesmo acontece com aqueles que te odeiam. Eles não me odeiam de verdade. No máximo, não gostaram de algo que eu falei. Tento não levar muito a sério nem esse ódio, nem esse amor.

Mas você percebe o impacto que as mensagens dos vídeos têm sobre as pessoas?

Sim, recebo milhares de e-mails, inclusive com muitos agradecimentos. As pessoas realmente prestam muita atenção àquilo que eu falo nos vídeos. Por isso é preciso também ter certos cuidados. Outro dia uma menina disse que eu era gordofóbica. Eu não sou gordofóbica. Mas algo que eu disse em algum vídeo deve ter induzido a essa ideia errada. A verdade é que, com toda a atenção que você tente ter, sempre vai ter a possibilidade de alguém te interpretar mal.

E como você explica todo esse sucesso dos youtubers, em que alguns viraram verdadeiros "oráculos"?

Eu acho que tem a ver com a proximidade, com esse fato dos youtubers parecerem "gente como a gente". São vídeos feitos por pessoas que podiam ser seus vizinhos.

Quais são as suas inspirações entre os youtubers?

Eu gosto muito de youtubers de fora, como a Grace Helbig e a Jenna Marbles, que é a maior vlogger mulher do YouTube, com mais de 14 milhões de inscritos no canal dela.

Por que criou a série (ou lista) "Merchans do Amor" no canal? O que isso revela da sua relação com os anunciantes?

Eu faço questão de deixar claro quando o vídeo é uma ação de merchandising. Outra coisa importante é que eu realmente seleciono as marcas. Trabalho com marcas que eu ame muito ou que eu ache que cabe falar delas no canal. Por exemplo, uma marca de

spray para tirar odor do banheiro me procurou para que eu fizesse um post no Facebook sobre eles. Eu disse: "De jeito nenhum! Vamos fazer um vídeo!". Eu precisava muito fazer um vídeo sobre aquele produto, ele é a cara do meu canal!

Você tem planos para o futuro?

O canal no YouTube me abriu muitas portas: tenho uma coluna na *Cosmopolitan*, escrevi um livro, enfim, há várias possibilidades surgindo. Às vezes, eu mesma fico pensando se vou querer fazer vídeo para o resto da vida!

NICHOS, ESPECIALIZAÇÕES E MILITÂNCIAS

Existem youtubers com os mais variados perfis, e que falam dos mais diversos temas. Há inclusive nichos específicos, derivados de especializações e militâncias. Existem, por exemplo, centenas de canais educativos. O *Manual do Mundo* tem 6 milhões de inscritos e está em nono lugar entre os canais brasileiros. Da mesma forma, existem vários canais sobre culinária, maquiagem e jogos eletrônicos, para citar outros nichos.

O *Canal das Bee* tem quase 300 mil inscritos e em 2015 entrou na lista do Youpix como um dos mais influentes da internet brasileira. Tornou-se uma voz importante sobre o universo LGBT, lutando contra o preconceito e desconstruindo estereótipos. Em 2016, o Youtube criou um projeto para incentivar cada vez mais mulheres a soltar o verbo e produzir conteúdo. Em comemoração ao Dia Internacional da Mulher, a empresa reuniu 14 youtubers, que produziram juntas vídeos sobre vários assuntos. Entre os canais convidados estavam o *Canal das Bee*, o *Jout Jout Prazer* e o *Afros e Afins*.

Nátaly Neri, do *Afros e Afins*, fala de moda, maquiagem, cabelo, etc., sem deixar de lado a militância negra e feminista. Também entre os blogs cresceu nos últimos tempos a presença de blogueiros negros, discutindo moda, lifestyle e questões raciais. O *Mequetrefismos* e *O último black power* são expressivos dessa visibilidade conquistada no mundo virtual. Mais recentemente, um youtuber de apenas 13 anos ganhou destaque pela iniciativa: em seu canal, PH Cortes conta a história de heróis negros brasileiros, contribuindo assim para o empoderamento das crianças afrodescendentes. Vida longa às plataformas digitais!

PARA SABER MAIS SOBRE O UNIVERSO PROFISSIONAL DE BLOGUEIROS E YOUTUBERS

LIVROS:

Não Faz Sentido – Por trás da câmera, de Felipe Neto (Casa da Palavra, 2013)

O Show do eu. A intimidade como espetáculo, de Paula Sibila (Editora Nova Fronteira, 2008)

Watching YouTube: extraordinary videos by ordinary people, de Michael Strangelove (University of Toronto Press, 2011)

YouTube e a Revolução Digital: como o maior fenômeno da cultura participativa transformou a mídia e a sociedade, de Jean Burgess e Joshua Green (Aleph, 2009)

SITES:

https://www.youtube.com/user/escolacriadorespt

http://vidstatsx.com/youtube-top-100-most-subscribed-brazil-br-channels

CONSULTOR
DE IMAGEM

"EU QUERO VER UM MUNDO ONDE AS PESSOAS SINTAM-SE CONFORTÁVEIS SOBRE QUEM ELAS SÃO E LIVRES PARA SE EXPRESSAR, REALIZAR SEUS SONHOS E ALCANÇAR SEUS OBJETIVOS DE VIDA."

Ilana Berenholc, consultora de imagem

"A primeira impressão é a que fica". Segundo os consultores de imagem, em apenas 10 segundos as pessoas formam uma ideia sobre você, baseada em sua aparência visual. E isso pode lhe abrir portas, ou fechá-las. A consultoria de imagem mostra que a impressão que os outros têm de nós é uma construção complexa, formada pelo nosso modo de vestir, agir e falar. Então, não se trata apenas de roupas, mas também das cores que usamos e dos gestos que fazemos ao conversar. Porém, nem todos sabem usar esses elementos a seu favor, o que pode ter impacto nas trajetórias pessoais, profissionais e empresariais.

Assim, a atuação do consultor de imagem vai do *personal styling* ao *personal branding*, passando também pela formulação do *dress code* e de manuais de comportamento corporativos, entre outros serviços. "O consultor de imagem auxilia pessoas e empresas a se comunicarem com individualidade, expressividade e credibilidade, através da aparência, postura e comportamento", explica Silvana Bianchini, uma das principais referências desse mercado no Brasil.

VESTIDO PARA O SUCESSO: A CONCEPÇÃO INICIAL

Tudo começou em 1975, nos Estados Unidos, quando John T. Molloy lançou o livro *Dress for success*, sobre a influência do modo de vestir no sucesso pessoal e profissional. O livro tornou-se um best seller, gerando em 1977 o *The Women's Dress for Success Book*, voltado especificamente ao público feminino. Segundo o autor, o nome dessa nova "ciência" seria algo como "engenharia do guarda-roupa" e era resultado de pesquisas feitas por ele junto a grupos sociais específicos.

Os livros escritos por Molloy popularizaram o conceito de *power dressing*, um estilo de vestir típico dos meios profissionais e políticos. As roupas criadas com base nesse estilo pretendiam refletir a eficiência e a competência de quem as usava. Ele aconselhava, por exemplo, as mulheres a usarem roupas sóbrias no local de trabalho, de forma a serem levadas tão a sério quanto um homem de terno e gravata.

Talvez um dos maiores ícones do *power dressing* tenha sido Margaret Thatcher, primeira-ministra britânica de 1979 a 1990. De acordo com a revista *Vogue*, seu estilo pessoal

A primeira-ministra Margaret Thatcher recebe o presidente francês Giscard d'Estaing, em Londres, em 1979.

foi todo reinventado seguindo as sugestões de Molloy, de modo a adequar sua imagem ao seu alto cargo político. Seu estilo clássico aliava o tailleur ao colar de pérolas, expressando assim uma imagem ao mesmo tempo conservadora, poderosa e feminina. Thatcher influenciou toda uma geração de mulheres que então tentava conquistar o mundo profissional e político, ainda dominado pelos homens.

Hoje, muitos dos conselhos de Molloy permanecem como a base da consultoria de imagem. Por exemplo, a recomendação de se evitar roupas com estampas e cores chamativas no ambiente de trabalho e no mundo político. Mas, se por um lado Hillary Clinton e seus terninhos a colocam como seguidora de Margaret Thatcher, por outro temos Michelle Obama, com suas cores e estampas, flexibilizando, um pouco, as noções sobre construção de imagem.

Vale ressaltar, também, que – dos anos 1970 para cá – a consultoria de imagem se popularizou. A princípio, esse parecia ser um serviço destinado apenas a celebridades, políticos e modelos. Mas a partir da década de 1980, a consultoria de imagem começou, aos poucos, a ganhar um público mais amplo. A conquista pelas mulheres de um espaço profissional cada vez maior favoreceu o investimento crescente em sua imagem.

Em 1981, Carla Mathis fundou nos Estados Unidos a Color Style, empresa pioneira na consultoria de imagem, onde passou a aplicar suas técnicas inovadoras sobre estilo e uso das cores. Ela criou também o Color Style Institute, para a formação de novos consultores de imagem. Em 1993, Carla Mathis e Helen Conner publicaram o livro *The Triumph of Individual Style*, que se tornou a bíblia da profissão. Sua escola, que em 2005 passou a se chamar The Style Core Institute, é responsável – ainda hoje – pela formação de novos profissionais dos mais variados cantos do mundo. Em 1990 foi criada, também nos Estados Unidos, a primeira associação de consultores de imagem, a Association of Image Consultants International (AICI), hoje com cerca de 1.300 associados, de 40 países.

Ainda na década de 1990, empresas "descoladas" da Califórnia, a começar por aquelas ligadas às novas tecnologias, quebraram os padrões formais, admitindo um jeito casual nos ambientes de trabalho. Esse afrouxamento das regras muitas vezes levou à perda do bom senso, o que acabou sendo uma excelente oportunidade para a profissão. A consultoria de imagem passou a atuar na formulação de alguns parâmetros – os dress codes (códigos de vestuário) das empresas –, abrindo um caminho de atuação corporativa. "Se o bom senso de fato existisse, minha profissão não existiria", brinca a consultora de imagem Ilana Berenholc.

MUITO ALÉM DO GUARDA-ROUPA!

A definição de consultoria de imagem expandiu bastante desde a sua criação. Atualmente, inclui muito mais que uma "repaginada" no visual e no guarda-roupa. Embora o vestir continue sendo um elemento fundamental de construção da imagem individual, hoje o consultor de imagem dedica-se a vários aspectos da aparência e do comportamento. O leque de serviços dentro da consultoria de imagem abrange serviços como o *personal stylist*, *personal shopper*, análise cromática, visagismo, *personal branding*, *dress code* e comportamento social e profissional.

"No Brasil e no mundo, a consultoria de imagem vem crescendo e se tornando mais reconhecida como essencial para alguns mercados e pessoas que necessitam cada vez mais se comunicar corretamente, e para isso demandam profissionais para assessorá-los", explica Silvana Bianchini, dona da Dress Code. Um consultor de imagem pode, por exemplo, orientar você sobre como se vestir e se portar em uma entrevista de emprego, bem como ajudar a empresa na criação de códigos de comportamento e de vestuário para os seus funcionários, de forma a alinhá-los com a imagem corporativa. Isso equivale dizer que a consultoria de imagem pode ajudar um profissional a construir a sua "marca" pessoal, do mesmo modo que ensina às empresas que sua marca também é formada pela maneira como seus integrantes se apresentam externamente e se portam internamente.

O consultor de imagem é frequentemente confundido com o *personal stylist*. O *personal stylist* é o profissional que tem como objetivo pegar o melhor da moda para vestir bem o seu cliente, de acordo com seu tipo físico e estilo de vida. Já o consultor de imagem tem uma atuação mais abrangente. Ele avalia a imagem geral da pessoa, o que inclui o modo de se vestir, as cores que combinam com o seu tom de pele, o corte de cabelo, a maquiagem, o comportamento e seu modo de se expressar. Logo, a consultoria de imagem engloba o trabalho do *personal stylist*, mas também a consultoria para compra de roupas (*personal shopper*), a avaliação sobre as cores que favorecem a pessoa (análise cromática), a indicação do melhor corte de cabelo e estilo de maquiagem (visagismo) e pode incluir também dicas de etiqueta social.

"O *personal stylist* vai assessorar o cliente em termos de moda. O consultor de imagem é obrigatoriamente um *personal stylist*, pois esse é um dos serviços que ele oferece. Mas sua atuação é mais ampla, pois diz respeito a toda a comunicação não verbal: a aparência, o comportamento e o gestual. Ou seja: o consultor de imagem é um *personal stylist*, mas o *personal stylist* não é, necessariamente, um consultor de imagem", explica Juliana Burlamaqui, consultora de imagem há mais de 10 anos.

A busca por uma consultoria de imagem pode ser motivada por diferentes razões, das mais pessoais às profissionais. No campo profissional, desenvolveu-se a ideia do *personal branding*: técnicas de construção da imagem individual, tal como a de um produto. Ou seja, o uso de técnicas de comunicação (verbais e não verbais) no sentido da criação de uma marca pessoal, o que alia as noções de imagem e de reputação. O *personal branding* surgiu em 1997, quando Tom Peter, um especialista em gestão de empresas, escreveu o artigo *The brand called you*.

Grandes empresas também têm recorrido aos consultores de imagem. A consultoria corporativa trabalha a imagem da equipe por meio do *dress code* (código de vestimenta) profissional e do comportamento através da etiqueta empresarial. Nesse campo, a consultoria trabalha a ideia de que os funcionários são responsáveis pela imagem que a marca projeta no mercado, por meio da sua aparência e da forma como se relacionam com seus clientes e parceiros. Esse trabalho se faz através de treinamentos ministrados nas empresas e do emprego de manuais de aparência e comportamento empresarial.

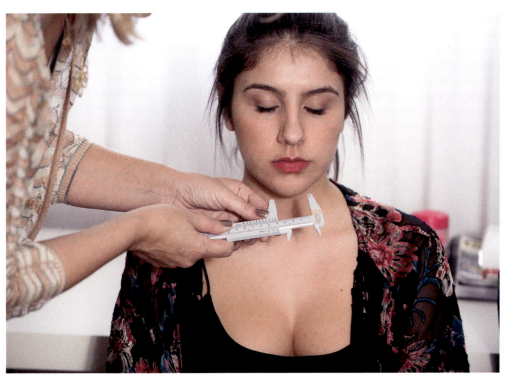

A consultora de imagem Luciana Ulrich em ação.

OLHO VIVO E MENTE ABERTA

Os melhores consultores alertam: trabalhar a imagem de uma pessoa não quer dizer apagar a sua individualidade, impondo a ela um modelo, baseado em noções de certo e errado. Ao contrário, a função do consultor é entender a personalidade do cliente, ajudando a construir uma imagem com a qual ele se sinta bem. Um bom consultor de imagem deve ser um indivíduo atento: às pessoas e aos seus valores, bem como às novidades do mundo e às possibilidades que ele pode oferecer aos seus clientes.

Para ser um consultor de imagem é preciso – antes de mais nada –gostar de lidar com as pessoas. E ter bastante delicadeza nesse processo. Afinal, lida-se com a intimidade do cliente, ao discutir suas roupas e mesmo seu comportamento. Lida-se com autoestima, o que deve ser encarado com grande responsabilidade.

A relação entre imagem e autoestima, aliás, vem sendo enfatizada por profissionais de dentro e fora do ramo. A Oficina de Estilo, em São Paulo, por exemplo, aposta na consultoria de imagem como um caminho para o autoconhecimento, a autoestima e o consumo consciente. Nessa mesma linha, profissionais de outras áreas têm se aproximado desse campo. Luciana Ulrich, que ministra cursos na capital paulista, já teve como alunas uma médica e uma fonoaudióloga, que buscaram ali caminhos de autoestima e aceitação da própria imagem para os seus pacientes.

O que nos faz voltar à frase de Ilana Berenholc: "Eu quero ver um mundo onde as pessoas sintam-se confortáveis sobre quem elas são e livres para se expressar, realizar seus sonhos e alcançar seus objetivos de vida".

O PODER DAS CORES

O pintor suíço Johannes Itten (1888-1967) observou que seus alunos tendiam a usar em suas pinturas cores semelhantes às de sua coloração pessoal (pele, cabelo e olhos). A partir disso, desenvolveu uma teoria segundo a qual a pessoa deveria usar no seu vestuário cores que valorizassem sua coloração. Mais tarde a estilista americana Suzanne Caygill usou as ideias de Johannes Itten na moda, organizando as cores em quatro grupos básicos, segundo as estações do ano. Assim surgiu a paleta de cores sazonal. Essas noções acabaram se popularizando através do livro *Color me beautiful*, de Carole Jackson, que se tornou um best-seller. Hoje existem outras teorias de cores, além da sazonal.

A consultoria de imagem trabalha com as teorias de cores, a fim de encontrar aquelas que se harmonizam com a coloração do cliente. A ideia é que as cores certas resultam em uma imagem mais iluminada, saudável e rejuvenescida, enquanto as cores erradas causam o efeito contrário. Além disso, a consultoria de imagem considera que as cores emitem diferentes mensagens e são, portanto, um elemento fundamental da construção da imagem pessoal.

ENTREVISTA

LUCIANA ULRICH

Luciana Ulrich chegou à consultoria de imagem através da moda e especializou-se no uso das cores, não mais dentro da lógica das tendências, mas como uma ferramenta importante de comunicação da imagem pessoal ou corporativa. Tornou-se uma referência nessa área no Brasil.

Como você se tornou consultora de imagem?

Eu tinha uma loja de roupas no Paraná com minha mãe e minha irmã. Na verdade, eu atuava aqui em São Paulo, fazendo as compras para a loja e comecei a perceber que precisava entender melhor sobre aquilo que poderia ficar bem e agradar às nossas clientes. Quando fui fazer o curso de consultoria de imagem, achava que se tratava de ensinar as pessoas a se vestir: avaliar o tipo físico, sua coloração etc. Mas, à medida que fui estudando, vi que era algo mais profundo, de construção de uma marca pessoal e das formas de comunicar essa individualidade.

Como funciona a análise da coloração pessoal?

No trabalho de consultoria de imagem, há toda uma avaliação do tipo físico e de outros elementos que compõem o visual da pessoa. O consultor vai analisar aquilo que favorece a pessoa, no sentido de transmitir a imagem que ela deseja. As cores são aí um elemento fundamental, pois comunicam mensagens. Então, fazemos um teste de cor, para vermos que tons harmonizam melhor com o cliente. Isso vai indicar as melhores cores de roupas, de acessórios, de maquiagem e de tintura de cabelo, por exemplo. O estudo da coloração pessoal é um campo bastante teórico da consultoria de imagem e eu acabei me apaixonando e me especializando nele.

O mercado de consultoria de imagem no Brasil tem espaço para esse trabalho mais especializado?

Sim, acho que já estamos em um momento que permite essa especialização. Hoje em dia, por exemplo, Rachel Jordan e eu podemos atender juntas à demanda de uma empresa. Rachel trata da parte do *dress code* e de comportamento, enquanto eu vou falar de coloração, dentro desse universo corporativo. É importante que o profissional de consultoria de imagem explore as possibilidades dessa profissão. Tem muita gente que investe apenas no *personal stylist*, no *personal shopper* e na montagem de looks. Isso sim pode gerar uma saturação do mercado. Eu dou cursos de consultoria de imagem e muitas vezes noto que, de uma turma de vinte pessoas, só duas permanecem na profissão. Mas há muitas possibilidades a serem exploradas!

Como escolher um curso de consultoria de imagem?

O mercado de cursos tem crescido bastante, não só em São Paulo, como também em outras cidades, e eu sinto que as pessoas têm muitas dúvidas na hora de escolher um curso que tenha o seu perfil e que atenda às suas necessidades. Vale lembrar que nem todo mundo busca o curso para se tornar um consultor de imagem. Por exemplo, tem profissionais de moda ou beleza que buscam o curso de consultoria de imagem para entender melhor o universo do cliente e poder oferecer um serviço melhor. A primeira coisa, ao escolher um curso, é conhecer a instituição. Hoje há cursos presenciais e cursos a distância. É importante verificar a reputação dessa instituição e há quanto tempo ela está no mercado. Convém, também, conversar com pessoas que fizeram o curso e saber a opinião delas. E, atenção, pois nem sempre o curso mais caro é o melhor. É importante, ainda, pesquisar informações sobre o professor que dará o curso. É fundamental verificar se o docente tem prática de consultoria de imagem, há quanto tempo está no mercado, qual a formação dele, em qual área ele atua (corporativo ou pessoal) etc. E, finalmente, é importante verificar qual será o conteúdo do curso.

Quais são os conteúdos de um curso de consultoria de imagem?

São vários. Por exemplo, a gente fala da importância da imagem, sobre como comunicar quem você é, quais os processos do trabalho em consultoria de imagem, quanto tempo leva o trabalho com o cliente, como identificar o tipo físico do cliente, como identificar o estilo de vida dele, as técnicas de coloração pessoal, avaliação do armário do cliente e o trabalho do personal shopper, montagem de looks, análise do *dress code* do trabalho do cliente, como você faz a captação de clientes, como elaborar os custos do seu trabalho, como montar uma empresa, e quais as habilidades e competências que você precisa ter como consultor de imagem.

ENTREVISTA

——— RACHEL JORDAN ———

Rachel Jordan tem 50 anos e é formada em Direito. Encontrou a consultoria de imagem quando estava em busca da sua própria autoestima, depois de vencer um câncer. Primeiro, levou as técnicas aprendidas a outras mulheres em fase de quimioterapia. Em seguida abraçou esse campo como sua profissão. Hoje seu foco de atuação é imagem e comportamento.

Você se especializou em trabalhar aspectos do comportamento do cliente. Como isso funciona?

Eu logo percebi que a imagem não está dissociada do comportamento. Uma cliente podia me procurar para trabalhar a sua imagem, e querer se vestir toda de Chanel, porque é elegante, mas ela era incapaz de cumprimentar o porteiro do prédio ou de saber lidar com um funcionário da sua empresa. Ou seja: o comportamento dela não se adequava à imagem que queria passar. Eu vi que esse era um caminho interessante a seguir, principalmente no campo empresarial, para o qual fui me encaminhando. Na construção da imagem corporativa, trabalhamos o *dress code*, a etiqueta, a comunicação verbal e não verbal, ou seja: vários aspectos do comportamento profissional.

Você pode dar exemplos?

Já tive como cliente, por exemplo, uma alta executiva que perdeu o cargo em razão das várias reclamações de sua equipe sobre a forma como ela tratava os subordinados. Ela procurou os meus serviços justamente para entender o que estava errado e mudar o seu comportamento. Isso é algo bem real. Não é incomum. Tem até aquela famosa frase: "as empresas contratam por competência e demitem por comportamento". E isso não vale só para quem ocupa cargo de chefia. Vale para qualquer funcionário. Há pesquisas nos Estados Unidos que mostram que as empresas estão privilegiando a busca de profissionais que tenham habilidades sociais, isto é, que saibam se relacionar com os demais.

Você buscou alguma formação específica nessa área?

Fiz em Washington um curso de protocolos internacionais. Com a globalização, intensificou-se o contato entre empresas de diferentes países, bem como o perfil multicultural das próprias corporações. É preciso entender as diferenças culturais, de modo a não criar conflitos que venham a pôr em risco o trabalho e os negócios.

Mas quais os principais problemas que surgem no meio corporativo?

Os departamentos de Recursos Humanos das empresas me chamam para apagar incêndios e um bastante frequente é a questão da roupa dos funcionários. Falta bom senso e muitas vezes as pessoas se vestem de forma totalmente inadequada ao local de trabalho. Uma coisa é as empresas terem caminhado para uma certa informalidade, por exemplo adotando a "sexta-feira casual". Mas isso não quer dizer que na sexta-feira você deva ir trabalhar com uma roupa rasgada ou sutiã aparecendo. É impressionante como as pessoas andam precisando desse tipo de orientação.

VOCAÇÕES

ENTREVISTA

—————— ILANA BERENHOLC ——————

Há fila de espera para ser aluno de Ilana Berenholc. Nenhum currículo em consultoria de imagem no Brasil parece completo sem conter um curso ministrado por ela. Ilana tornou-se referência no mercado de imagem no Brasil, alcançando também o reconhecimento internacional. Foi vice-presidente da Association of Image Consultants International (AICI). Aos 45 anos e há mais de 20 na profissão, tornou-se estrategista em *personal branding* e imagem para o mundo corporativo. Sua clientela hoje é composta por altos executivos e outros profissionais de grandes empresas, em busca de transformação e ascensão.

Qual é a importância da consultoria de imagem?

A consultoria de imagem vai além de definir uma imagem correta. Com ela, o cliente descobre sua própria singularidade e define uma identidade visual para si. Há alguns anos, o que importava eram as regras de etiqueta que ditavam o modo certo de ser e se vestir. Entendemos que hoje é preciso muito mais do que ser apenas adequado: é também preciso ser único, criar um diferencial.

O que é o *personal branding*?

O *personal branding* trabalha o posicionamento e a reputação da pessoa. É um trabalho anterior à consultoria de imagem, na verdade. Trata-se de uma investigação das principais qualidades e atributos daquela pessoa e daquilo que ela quer comunicar. É um trabalho para que ela possa se posicionar de forma autêntica, e não através de uma manipulação da sua imagem. Nesse processo, a consultoria de imagem entra depois, como um instrumental para comunicarmos aquilo que trabalhamos no *personal branding*. Agora, é importante não confundir *personal branding* com marketing pessoal, que é algo que se disseminou principalmente com o advento das mídias sociais. O marketing pessoal dá visibilidade à sua atuação. O *personal branding* implica em um estudo profundo do indivíduo, daquilo que a pessoa quer comunicar sobre si.

Quem busca o *personal branding*?

Principalmente profissionais que querem trabalhar a sua imagem, com vistas a mudança de emprego, ascensão na empresa ou outro tipo de reposicionamento. Por exemplo, um executivo que quer se tornar CEO de uma empresa pode usar o *personal branding* nessa direção. As próprias corporações também são nossos clientes, uma vez que o *personal branding* é um caminho para identificar e trabalhar os talentos entre os seus integrantes. Isso é muito bacana. É perceptível, nos treinamentos que eu dou, como isso pode gerar um maior engajamento do funcionário com a empresa, bem como o reconhecimento do seu valor pela equipe. Gente é pra brilhar. É muito bom sentir que o seu trabalho pode contribuir para acender essas luzes! Por isso acho que a própria consultoria de imagem precisa rever seus conceitos: há uma tendência de olhar muito para o que falta, e não para o que tem.

Os ambientes profissionais são, muitas vezes, lugar de frustração e conflito. Acredita que o seu trabalho pode ter um papel significativo também aí?

Sabemos que os ambientes de trabalho podem ser bastante tóxicos. Mas o quanto isso vai afetar a pessoa (com exceção, é claro, de casos extremos de assédio, por exemplo) vai depender do grau de autoconfiança que ela tem. Nesse sentido, acredito sim que nosso trabalho de consultoria pode oferecer instrumentos para que ela se sinta mais segura em relação ao seu estilo, à sua individualidade, permitindo a ela transitar com mais confiança dentro da empresa. Não é uma segurança dada pelo "saber se comportar" e sim por conhecer o valor que ela tem como profissional. É comum, aliás, que as empresas nos contratem para tocar nas feridas que elas mesmas não têm coragem de tocar. O consultor atua então como um mediador entre a empresa e seus funcionários. Um bom profissional dessa área precisa aprender a fazer esse meio de campo. Ele precisa trazer os dois lados – com suas diferentes visões – para o diálogo. Do contrário, vai prevalecer o olhar de cima pra baixo, que tende a enfatizar o que falta, o que está errado, e não as potencialidades.

Que conselho você daria para o jovem que quer seguir essa profissão?
Eu diria a ele que é importantíssimo buscar uma boa formação e, na mesma medida, buscar colocar em prática o que aprendeu. Tem gente que fica fazendo vários cursos e adiando a prática. Eu fiz pouquíssimos cursos. Mas estudo o tempo todo, buscando referências de vários campos para a minha atuação. É importante também estudar sobre como estruturar e gerenciar o seu negócio, já que se trata de uma profissão autônoma. Aliás, é preciso ter isso em mente: o tempo de maturação dessa profissão é de 3 a 5 anos. Até lá, o jovem consultor pode enfrentar um período mais difícil, de formação de clientela.

ONDE ESTUDAR?

Não existe curso de graduação em consultoria de imagem no Brasil. Existem cursos organizados pelos próprios profissionais, cursos de pós-graduação e cursos de especialização em determinadas áreas da profissão. No Brasil, os cursos de Silvana Bianchini (da Dress Code) e de Ilana Berenholc são os mais reconhecidos e recomendados. Mas vários outros profissionais oferecem cursos, em diferentes cidades brasileiras. Há, inclusive, cursos online, como o de coaching de estilo da Escola São Paulo. Os bons cursos têm, no mínimo, uma carga horária total de 35 horas. Já os cursos mais específicos, como o de *personal stylist*, são mais curtos, com cerca de 18 horas.

Em São Paulo, o Centro Universitário Belas Artes oferece uma pós-graduação em Consultoria de Imagem e Estilo e também um curso livre sobre visagismo e a construção da imagem pessoal. Ainda na capital paulista, a Escola Panamericana tem uma especialização em Consultoria de Imagem Pessoal e Corporativa, além de um curso de curta duração de Coloração Pessoal, ministrado por Luciana Ulrich. Vale conferir também a formação em Consultoria de Imagem do SENAC (em Belo Horizonte, por exemplo) e do Senai/Cetiqt (em São Paulo e no Rio de Janeiro). Em Porto Alegre, o Instituto de Arte e Projeto (INAP) oferece um curso de Imagem Pessoal e Comportamento.

No exterior, há grande oferta de cursos. Ilana Berenholc, por exemplo, é pós-graduada em Personal Branding pela Facultad de Comunicación Blanquerna (Universitat Ramon Llull), em Barcelona. Rachel Jordan estudou protocolos internacionais na The Protocol School of Washington, nos Estados Unidos. Luciana Ulrich fez o curso de Coloração Pessoal e Avaliação de guarda-roupa com Carol Davidson, da Style Works of Union Square, em Nova York.

Silvana Bianchini passou pelos mais renomados institutos norte-americanos e europeus. Fez especialização em Análise de Cores, Tipologia feminina e masculina, Estilo Pessoal, Personal Shopping e Organização de Guarda Roupa pelo Dominique Isbecque International, em Nova York; em Etiqueta Empresarial, Linguagem Corporal e Vestimenta Profissional pelo Image Institute, em Atlanta; e em Stylist pelo Instituto Marangoni, em Milão, entre outros.

PARA SABER MAIS SOBRE O UNIVERSO PROFISSIONAL DOS CONSULTORES DE IMAGEM

LIVROS:

101 dicas de uma personal shopper, de Juliana Burlamaqui (Ed. Publit, 2015)

A bíblia do estilo: o que vestir para o trabalho, de Lauren Rothman (Ed. Best Seller, 2014)

A primeira impressão é a que fica, de Ann Demarais e Valerie White (Ed. Sextante, 2005)

Etiqueta essencial – As regras não-escritas do bom comportamento para o profissional de sucesso, de Beverly Langford (Ed.Clio, 2013)

Personal branding: construindo sua marca pessoal, de Arthur Bender (Integrare Editora, 2009)

Personal stylist: guia prático para consultores de imagem, de Titta Aguiar (Ed. Senac, 2006)

The non-verbal factor: exploring the other side of communication, de Donald B. Egolf e Sondra L. Chester (iUniverse LCC, 2013)

SITE:

http://www.aici.org

COZINHEIRO

**"ACHO QUE A NOSSA PROFISSÃO
TEM ALGO DE SACERDOTAL"**

Laurent Suaudeau

Claude Troisgros, Olivier Anquier, Felipe Bronze, Jamie Oliver e por aí vai. Cada vez mais próximos do público, seja por meio de reality shows ou programas de culinária, os cozinheiros contribuem para tornar reconhecida a atuação do profissional da gastronomia – o que inspira os jovens brasileiros a ingressarem nesse mundo.

Talento não nos falta. Em 2015, o D.O.M., do chef Alex Atala, foi eleito o 9º no ranking dos melhores restaurantes do mundo, organizado pela cultuada revista inglesa *Restaurant*. Em 2014, a gaúcha Helena Rizzo, do restaurante paulista Maní, foi eleita a melhor chef mulher do mundo pelo *The World's 50 Best Restaurants*. "O país tem chefs empreendedores e uma variedade de produtos incrível. Não tenho nenhuma dúvida de que a cozinha brasileira ocupará um lugar preponderante nos próximos anos na alta gastronomia mundial", disse o papa da gastronomia na atualidade, o espanhol Ferran Adrià, à revista *Exame* em 2011.

ERA UMA VEZ, NA FRANÇA...

Paris, 1783: em um cortiço à margem do rio Sena, nasce o menino Marie Antoine Carême. Nove anos depois, ele é abandonado pelo pai nas ruas da capital francesa. O pai lhe diz apenas: "Hoje em dia, é só usar a inteligência para fazer fortuna e ser alguém, e inteligência você tem. Vai, garoto!". E foi o que ele fez. Acolhido por um cozinheiro, Carême trabalhou em regime quase escravocrata, descascando batatas numa taberna. Aos 17 anos, ingressou na Chez Bailly, a mais importante pâtisserie da cidade. Em pouco tempo, Bailly e seu ambicioso aprendiz tornaram-se famosos na sociedade parisiense, que vivia uma fase de inovações pós-Revolução Francesa.

Revolucionária foi a trajetória de Carême, hoje considerado o fundador da gastronomia francesa. Com ele, o trabalho do cozinheiro foi elevado a arte e ciência. Seu livro *L'Art de la Cuisine au XIXe Siècle* é uma espécie de bíblia da alta cozinha. Reverenciado por Napoleão Bonaparte e pelo czar russo Alexandre I, Carême foi o criador de receitas hoje clássicas, como o suflê, o merengue, o molho bechamel e a famosa entrada de massa folhada, o vol-au-vent. Foi também um dos primeiros a pensar no aspecto visual do prato, precedendo, de certa forma, a Nouvelle Cuisine, estilo culinário iniciado na década de 1970, que se caracterizou por produzir uma comida leve, servida em pouca quantidade, com inequívoco requinte.

Carême tinha uma visão da cozinha como um todo, dos bastidores ao serviço. Defensor de melhores condições de trabalho junto ao fogão, estendia suas preocupações à higiene. Introduziu a roupa branca e o conhecido chapéu de cozinheiro, hoje uniforme obrigatório nas cozinhas do mundo inteiro. Morreu em 1833, aos 49 anos, vítima de doenças respiratórias provocadas por fogões a carvão e, ironicamente, das más condições de trabalho que combatia.

Outro pilar da cozinha profissional moderna foi Auguste Escoffier, nascido em 1846. Escoffier aprimorou os ensinamentos de Carême. Conhecido como "o rei dos chefs e o chef dos reis", concentrou seus esforços em simplificar e modernizar o estilo de preparo

Helena Rizzo em frente ao restaurante paulista Maní: eleita a melhor chef mulher do mundo pelo *The World's 50 Best Restaurants*, em 2014.

e ornamentação de Carême. Escoffier organizou suas cozinhas através do sistema de brigadas, onde cada uma das seções era gerenciada por um *chef de partie*, tal como é ainda hoje. Conta-se que o imperador William II teria dito a ele: "Eu sou o imperador da Alemanha, mas você é o imperador dos chefs".

Personagem também importante dessa história é Fernand Point, chef do mítico restaurante La Pyramide. Seu legado foi a formação profissional. Por ele passaram Paul Bocuse, Alain Chapel e os irmãos Jean e Pierre Troisgros, por exemplo. Toda a velha guarda da Nouvelle Cuisine bebeu daquela fonte. Fernand Point aboliu os molhos pesados e os pratos complicados da gastronomia. Para ele, a grande cuisine não significava uma cozinha complicada.

Na sequência, a Nouvelle Cuisine deu novo sopro revolucionário à gastronomia. Sua influência chegou a vários países, tornando conhecidas internacionalmente não só as suas fascinantes criações culinárias, mas também a sólida formação e a excelência profissional de seus cozinheiros.

COM A PALAVRA, OS FRANCESES

Na virada da década de 1970 para a de 1980, cozinheiros franceses desembarcaram no Brasil e fizeram a diferença. Figuras como Claude Troisgros e Laurent Suaudeau trouxeram a Nouvelle Cuisine para cá, incorporaram os ingredientes brasileiros ao léxico clássico da cozinha francesa e impulsionaram a nossa gastronomia. Laurent Suaudeau veio pelas mãos do grande Paul Bocuse, em 1980, com 23 anos. Foi trabalhar com o mestre no restaurante Saint Honoré, no Rio de Janeiro, e acabou ficando por aqui. Mais recentemente, em 2000, fundou em São Paulo a Escola da Arte Culinária Laurent. Sua preocupação em relação à formação dos novos cozinheiros é evidenciada em seu livro *Cartas a um jovem chef – caminhos no mundo da cozinha*:

"Você pode até me perguntar se, hoje em dia, é realmente necessária a formação rigorosa de um cozinheiro para ele ser bem-sucedido. Apesar do comportamento de certos colegas dar a impressão de que bastam a criatividade e algum

Laurent Suaudeau trouxe a Nouvelle Cuisine para o Brasil e segue atuando na formação de nossos cozinheiros.

O francês Pascal Jolly, que está há 15 anos no Brasil, começou a trabalhar na cozinha aos 14 anos.

pragmatismo, acredito, com firmeza, que, na nossa profissão, a disciplina e o conhecimento são imprescindíveis."

Vários chefs criticam a postura de muitos jovens cozinheiros hoje em dia. Segundo eles, em uma profissão artesanal como a gastronomia, é preciso ter empenho e disciplina para a aquisição das técnicas. Tradicionalmente, a forma como isso acontece nas cozinhas profissionais pode ser resumida na expressão "começar de baixo". O problema, diagnosticam os chefs, é que muitas vezes o jovem recém-saído da faculdade não quer cortar quilos e mais quilos de batatas.

"Para tudo, existe a boa metodologia, até para descascar uma batata, com a utilização da faca adequada. Pode parecer bobagem, mas não é. (...) Todo esse processo gestual é fundamental. Da mesma forma que um cirurgião, o cozinheiro tem de ter a precisão do gesto, saber o que e como cortar", escreve Laurent.

Há 15 anos no Brasil, o chef Pascal Jolly reitera a visão de Laurent: "O jovem tem que saber que vai mergulhar por 10 anos numa cozinha. Mas não pode perder a perspectiva de que aquilo tem futuro. O campo é muito vasto e ele vai achar o seu lugar, segundo as suas preferências. Porém não pode ser preguiçoso. É preciso ter muito amor à profissão, pois o trabalho é realmente pesado!". Conselho de um cozinheiro que começou a trabalhar aos 14 anos e passou pelas melhores cozinhas da França, como o La Tour D'Argent, o Hotel Ritz e o Hotel Plaza. "Mas ainda estou em formação", comenta Pascal Jolly, com a humildade que deve caracterizar um bom cozinheiro, como ensina o chef Laurent.

"A culinária do futuro exigirá cada vez mais preparo e formação de seus executantes, os produtos de qualidade serão cada vez mais valorizados. O desenvolvimento de novos produtos e equipamentos para a cozinha certamente vai exigir a contrapartida de cozinheiros com preparo tecnológico e cultural adequado", conclui Laurent em seu valioso livro.

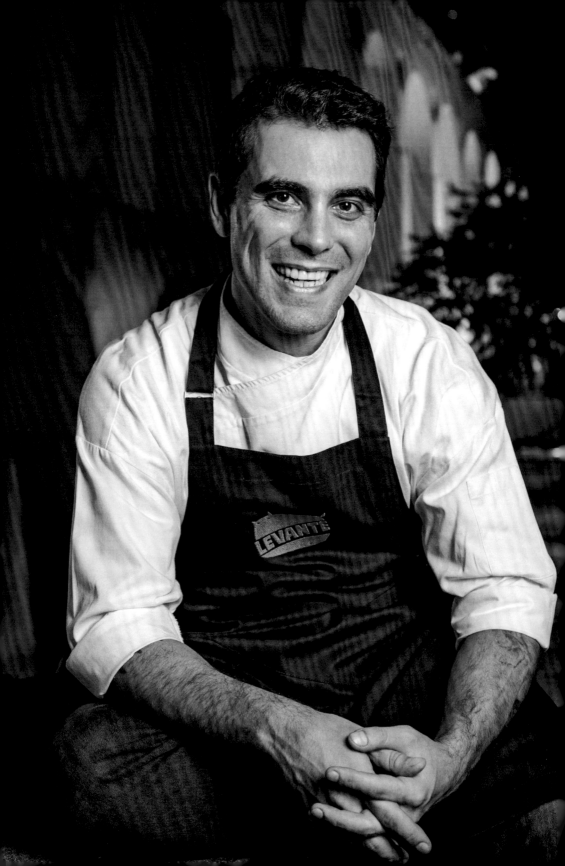

ENTREVISTA

THIAGO FLORES

Thiago Flores é um jovem cozinheiro de 32 anos e levou 9 para assumir a função de chef. Preocupou-se, antes, em adquirir uma formação sólida, na teoria e na prática. Estudou no Senac, na Associação Brasileira de Alta Gastronomia e no Instituto Argentino de Gastronomia. Trabalhou com dois dos chefs mais renomados da atualidade, Alex Atala e Mauro Colagreco, cujos restaurantes estão, respectivamente, em 9º e em 11º lugares na lista dos 50 melhores do mundo. Vivenciou, ainda, uma experiência única naquele que ocupa o primeiro lugar da lista, o El Celler de Can Roca. Ali viu de perto toda a perícia técnica e todo rigor de uma equipe de excelência máxima.

Mas a gastronomia não foi a primeira opção de Thiago. Ele chegou a cursar Relações Internacionais na PUC-Rio e tinha o sonho de trabalhar na Organização das Nações Unidas para Alimentação e Agricultura (FAO). No entanto, a perspectiva de um trabalho burocrático o fez abandonar a faculdade. Jogou-se de cabeça na formação de cozinheiro, e buscou estágios desde o início. O primeiro foi no restaurante do chef francês Olivier Cozan.

Qual foi a importância dos estágios em diferentes restaurantes para a sua formação?

Isso é muito importante na carreira: ter a prática da cozinha, ao mesmo tempo em que você aprende a teoria. É importante colocar a mão na massa desde o início do aprendizado. As aulas práticas do curso nunca são o mesmo do que estar numa cozinha de verdade. Se você levar a sério o estágio, você vai trabalhar tanto quanto um funcionário. Comecei como ajudante do chef da praça de peixes, fazendo as tarefas básicas: limpando camarão, limpando lagostim, etc. Quanto mais você se mostrar competente e disposto, mais trabalho vão te dar e mais você vai aprender e crescer na cozinha. No estágio seguinte, no restaurante do Checho Gonzales, já tive outras oportunidades. Na cozinha é assim: tem que estar disposto e preparado para fazer de tudo. Se ficar com soberba, não vai dar certo. É um trabalho de equipe, muito pesado e com dois deadlines por dia: o almoço e o jantar.

Como surgiram as oportunidades de trabalhar com o argentino Mauro Colagreco e o brasileiro Alex Atala?

Conheci o Colagreco quando estava em Buenos Aires, estudando no Instituto Argentino de Gastronomia. E conhecê-lo foi o pulo do gato na minha carreira. Eu estava estagiando em um hotel cinco estrelas, onde ele foi fazer um evento. Apresentei-me a ele e pedi para ajudar na cozinha. E, ao final, ele me chamou para estagiar no restaurante dele, o Mirazur, na Côte d'Azur, na França! Assim que me formei, passei quatro meses lá, num momento de ascensão do restaurante e quando a equipe era ainda muito reduzida. Eu trabalhava 16 horas por dia. Voltando ao Brasil, o Mauro me indicou para trabalhar com o Alex Atala. No todo, fiquei um ano nos restaurantes dele, o Dalva e Dito e o D.O.M.. No Dalva e Dito eu chefiava a seção de carnes e no D.O.M. fiquei responsável pelo *garde manger*, que é o setor das comidas servidas frias, como as saladas, por exemplo. O chef Ferran Adriá diz que esse é o setor mais importante de um restaurante, pois é muito perecível e envolve processos muito delicados. Trabalhar no D.O.M. foi fantástico, pois tive contato com o suprassumo da gastronomia brasileira.

Como foi a sua experiência no El Celler de Can Roca, na Espanha, considerado o melhor restaurante do mundo?

Foi meio chocante, pois foi a primeira vez que entrei num restaurante de três estrelas Michelin, que é o máximo de exigência profissional. É muito tenso, pois absolutamente nada pode dar errado. O trabalho é repetitivo, intenso e rigoroso. Nesse nível de excelência, não existe muito espaço para o erro. E a busca dos irmãos Roca por novos horizontes técnicos impressiona qualquer cozinheiro. Fiquei apenas um mês, pois era um estágio não remunerado. Você ganhava apenas a alimentação. Voltei para o Brasil e assumi o posto de subchefe do Q Gastrobar, aqui no Rio, o que me rendeu a indicação ao Chef Revelação 2011 pela *Veja Rio*.

Você assumiu a função de chef do restaurante Paris aos 31 anos. Sofreu algum tipo de preconceito por causa da pouca idade?

Alguns clientes comentavam: "Como você é novo!". Mas isso não foi um problema. Minha bagagem vem desde 2005. Já eram nove anos de experiência.

Como é a rotina de um chef?

Você chega pela manhã no restaurante e já vai ter algum cozinheiro lá fazendo os pré-preparos. Então você checa se os molhos estão bem feitos, se as guarnições estão adiantadas, se as carnes estão bem descongeladas, se os peixes estão bem limpos, se as mesas estão bem montadas, se o salão está limpo, checa o estoque.... enfim, você dá uma boa geral em tudo. Você almoça às 11h e começa a se preparar para a chegada dos clientes, a partir do meio-dia. Você "canta" as comandas para a equipe, que já tem suas funções definidas. O chef é responsável por montar o prato. No final do almoço, lava-se a cozinha toda. No jantar, repete a operação e lava-se toda a cozinha de novo. É um trabalho pesado.

Que conselho você daria para o jovem que deseja ser cozinheiro?

Acho que uma coisa importante é você sair da sua zona de conforto. Eu podia ter, simplesmente, ficado aqui no Rio de Janeiro e trabalhado com os melhores chefs daqui. Mas para mim foi muito bom ter saído do Rio. Hoje em dia tenho amigos cozinheiros do mundo inteiro. Se jogar no mundo é importante, pois abre a sua cabeça. Você só se enriquece.

Onde você trabalha atualmente?

Saí de uma cozinha sofisticada e tradicional como a do restaurante Paris e hoje estou no coração da boemia carioca: o Circo Voador, na Lapa, onde lancei a marca de sanduíches Levante.

ENTREVISTA

JAN SANTOS

Jan Santos é um mineiro de 40 anos. Um MBA em Comércio Internacional e Logística o levou para a Espanha e de lá ele nunca mais voltou para o mercado financeiro, onde trabalhava. Estudou gastronomia espanhola em Barcelona e gestão de cozinha em Buenos Aires. Hoje Jan tem três unidades do restaurante Entretapas no Rio de Janeiro, em sociedade com o empresário espanhol Antonio Alcaraz. Uma verdadeira – e bem-sucedida – mudança de rumo em poucos anos.

Como você entrou no mundo da gastronomia?

Entrei tardiamente. Trabalhava no Banco do Brasil e fui fazer um MBA de Comércio Internacional e Logística na Espanha. Lá eu fiquei impressionado ao ver como a gastronomia faz parte do dia a dia das pessoas. Sempre gostei de cozinhar e, dois anos depois, quando terminei o MBA, resolvi não voltar para o Brasil e ficar lá estudando gastronomia. Fiz um curso de um ano em Barcelona. Eu queria aprender os processos, as técnicas e os produtos. A faculdade me deu isso. Mas eu queria aprender também a essência daquela culinária.

E como você fez isso?

Viajei por todo o país, aprendendo tudo o que podia sobre a cozinha espanhola. Ia até a pequenos vilarejos, que existem desde o século XIV, e onde a cultura está preservada, inclusive a cultura culinária. Costumo dizer que aprendi muito na faculdade, mas principalmente com as donas de casa espanholas que conheci nessas viagens. Na volta ao Brasil, eu estava decidido a trabalhar com gastronomia.

É essencial ter uma formação acadêmica na área?

Faculdade não é essencial, mas ela pode eliminar várias "pedras no caminho". É ali que você vai aprender bem as técnicas e os processos. O essencial é o amor, o conhecimento e a dedicação. Uma coisa que tem se tornado frequente é o aluno que sai da faculdade com um conhecimento que é principalmente teórico e já entra no mercado de trabalho se achando chef. Ele não vai ser chef, ele vai ser cozinheiro. Na Europa, ao sair da faculdade, você vai lavar prato no restaurante. Quando você já está lavando bem os pratos, eles botam você para cortar batatas. Quando você aprende a fazer isso muito bem, eles colocam você para cortar peixe e depois para cortar carne. Até você chegar ao seu prêmio, que é o fogão, você já passou por todas as funções da cozinha. Já aqui no Brasil, onde a profissão passou por uma recente glamourização, as pessoas não querem cortar batata.

Essa glamourização da profissão gerou um problema?

Essa profissão é centenária, mas parece que foi descoberta há 5 anos atrás! Virou uma coisa pomposa. Mas as pessoas não têm ideia do que é ser chef. Aliás, eu não sou chef, eu estou chef. Eu sou cozinheiro. Fazendo um paralelo, é como se alguém que tivesse acabado de se formar em Administração, já quisesse ser CEO de uma empresa. Não dá. É preciso galgar várias posições na empresa para se chegar a CEO. O mesmo vale para a gastronomia. O chef é o CEO do restaurante.

Como é a sua rotina de trabalho?

A minha rotina é um pouco diferente, pois, além de ser o chef, eu sou também o dono dos restaurantes. Sou cozinheiro e empresário. Hoje em dia eu tenho um subchef em cada um dos três restaurantes e eles desempenham várias tarefas. Mas, quando abri o meu primeiro restaurante, eu trabalhava de oito da manhã às três da madrugada. Ia ao mercado, fazia as compras, recebia as entregas no restaurante, limpava e organizava tudo, antes do restaurante começar a funcionar. Atualmente, às oito da manhã eu estou cuidando da parte administrativa e às onze da manhã já estou na cozinha, treinando a equipe e verificando tudo. Há dias que recebemos mais de 200 pessoas e para mim é inadmissível, por exemplo, que algum produto esteja em falta. Enfim, é um trabalho pesado. Se você quer um trabalho com uma carga horária mais tranquila, não seja cozinheiro! É também um trabalho estressante, pois você precisa atender a vários pedidos, no tempo e com a qualidade que os clientes esperam. Ter restaurante é matar um leão por dia: funcionário falta, o fornecedor não entrega, acaba a água ou a luz... É 99% de suor e 1% de glamour.

Costela laqueada com purê de damasco, uma das especialidades do chef.

UM MERCADO VASTO

A alta gastronomia é, na verdade, apenas a ponta mais charmosa de um mercado – o de alimentação – de proporções gigantescas. De acordo com a Associação Nacional de Restaurantes, o faturamento do setor em 2014 foi de aproximadamente R$ 300 bilhões. O segmento apresentou uma taxa de crescimento equivalente a cinco vezes a variação do PIB brasileiro nos últimos cinco anos. A alimentação fora do lar também é geradora expressiva de empregos no país, respondendo por mais de 6 milhões de vagas em 2015. Com isso, os estabelecimentos são uma importante porta de entrada para o primeiro emprego formalizado de muitos brasileiros, além de capacitar mão de obra para este e outros setores. Ainda que o setor – como todos os outros – esteja sujeito às intempéries da economia do país, o campo é vasto e várias inciativas tem provado sua capacidade de diversificação. Apaixonados por gastronomia, um dia o casal Cristiana Beltrão e André Paraíso – ela, administradora de empresas, e ele, engenheiro – decidiram entrar para o ramo. Cristiana passou dois anos estagiando na cozinha de um restaurante, para aprender sua dinâmica de funcionamento: "Não adianta você empreender, sem entender antes como é que se faz".

Em 1998 o casal abriu o Bazzar. Hoje são três restaurantes no Rio de Janeiro, com 200 funcionários no total. Cada restaurante tem um chef. Mas a rede Bazzar conta também com um chefe de qualidade e criação: um cozinheiro formado pelo Le Cordon Bleu, que cria as receitas, treina os chefs e é responsável pela manutenção da qualidade das cozinhas.

Cristiana e André encontraram um caminho para fazer a rede expandir para outros lugares além do Rio de Janeiro. Mas não na forma de novos restaurantes e sim através da comercialização de produtos. A partir de 2007, passaram a vender os molhos, coberturas, sobremesas e cafés de seu cardápio para grandes redes varejistas. "Imaginamos que muitos dos clientes que nos elogiavam gostariam de imitar os nossos sabores quando fossem cozinhar em casa. A ideia foi criar uma linha 100% brasileira de produtos gourmet", explica Cristiana.

A marca Bazzar, produzida em fábrica própria, comercializa 26 itens, em mais de 800 pontos de venda no Brasil. No exterior, o Bazzar está na França, onde foi escolhido para as gôndolas do La Grande Epicerie de Paris, uma das mais conceituadas e rigorosas lojas de produtos gourmet do mundo; na Fairway em Nova Iorque; no Marks and Spencer e no Harrods na Inglaterra; e na Sogo & Seibu no Japão.

Outro caminho de diversificação bem-sucedido foi a onda dos food trucks. Em apenas dois anos, 2014 e 2015, surgiram 200 empreendimentos do gênero em São Paulo. O pioneiro foi o Buzina Food Truck, dos cozinheiros Márcio Silva e Jorge Gonzalez. "Fomos da alta para a baixa gastronomia", comenta Jorge. Márcio completa: "Aqui você tem margem para ser mais solto. Os cubos de cenoura, por exemplo, não precisam ser todos perfeitinhos. A comida de rua é muito mais ligada ao sentimento, à alma do que a alta gastronomia. Na minha opinião, a alta gastronomia virou algo muito intelectual". Polêmicas à parte, o negócio vingou: hoje são dois caminhões (os trucks), uma cozinha-base, um escritório e 18 funcionários.

Buzina Food Truck: pioneiros em um mercado em expansão.

Manu Zappa dá aulas de culinária no Rio de Janeiro.

NOVAS IDEIAS SAINDO DO FORNO

Já a cozinheira carioca Manu Zappa encontrou um caminho igualmente criativo e alternativo ao trabalho em formato mais tradicional em um grande restaurante. Ela conheceu de perto essa realidade, quando trabalhou no Hotel Hilton, em Londres, por dois anos. Foi lá que aprendeu a dinâmica de uma grande cozinha, mas também percebeu que não era isso o que queria. Sempre ávida por novos gostos e culturas, Manu atravessou oceanos em busca de outros sabores, colecionando cursos de culinária na Índia, Malásia, Marrocos e Tailândia.

De volta ao Brasil, criou no Rio de Janeiro o Prosa na Cozinha: aulas de culinária para pequenos grupos de cozinheiros amadores e amantes da boa gastronomia. No princípio, as aulas aconteciam na casa da mãe de Manu, o que logo se mostrou insuficiente. Em 2013, o Prosa na Cozinha mudou-se para uma casa no bairro do Jardim Botânico, que hoje também funciona como um pequeno restaurante, no horário do almoço. À noite, Manu ou chefs convidados dão aulas variadas, sobre diferentes aspectos da culinária.

Manu chama a atenção também para a profusão de pequenos negócios sustentáveis, no campo da gastronomia, e como eles podem ser um caminho profissional para os cozinheiros. Ela mesma é compradora de vários produtos para o seu restaurante. Manu cita ainda as feiras gastronômicas que começam a surgir, tentando vencer o grande obstáculo enfrentado pelos pequenos produtores, que é a distribuição. Em 2014 surgiu no Rio de Janeiro a Junta Local, um evento que reúne cozinheiros profissionais e experientes e aqueles diletantes e iniciantes. Hoje já são mais de 150 produtores, que vendem não só nas duas feiras mensais, como também através de site próprio.

POR UM MUNDO MELHOR

Há algum tempo a preocupação ecológica chegou às cozinhas, criando novas práticas. Estabelecimentos gastronômicos passaram a adotar procedimentos sustentáveis, que se refletem em mudanças na gestão, na logística e até no cardápio dos restaurantes. No conceito de gastronomia sustentável, os empresários e os cozinheiros devem se preocupar com o gerenciamento da água, gás e energia, com o destino correto e diminuição de resíduos, com compras e logísticas sustentáveis, em não desperdiçar alimentos e aproveitá-los 100% no cardápio, privilegiar produtos orgânicos, sazonais e regionais e/ou com registros de procedência.

A chef Teresa Corção, dona do restaurante O Navegador no Rio de Janeiro, é uma incentivadora da ecogastronomia. Fundou em 2007, o Instituto Maniva, que atua nas áreas de cultura, educação e agricultura, promovendo a gastronomia como ferramenta de transformação social e ambiental. Ela preside a associação, que reúne vários cozinheiros conceituados, entre eles, Claude Troisgros. Tudo começou em 2002, quando Teresa participou de um festival gastronômico em Pernambuco e ali descobriu o mundo da mandioca, com todos os seus derivados e subprodutos, bem como a história das casas de farinha, presentes em praticamente todo o quintal brasileiro e na memória das populações migrantes. A mandioca era o alimento que, embora ancestralmente ligada ao povo brasileiro, não era destacado como de grande interesse gastronômico. Apesar de ser o produto de maior cultivo de agricultores familiares no Brasil, era considerada "comida de pobre".

Consciente de que seu trabalho como cozinheira poderia ter uma grande influência na sobrevivência da atividade dos agricultores do seu país e de seus produtos alimentares, Teresa decidiu criar uma organização através da qual pudesse viabilizar essa possibilidade. Plantou assim a semente do Instituto Maniva, iniciando um projeto de Oficinas de Tapioca, para crianças do ensino público no Rio de Janeiro. Ao longo de oito anos, 3 mil crianças aprenderam a importância da mandioca, sua lenda, sua música, e fazer a tapioca; antiga base alimentar dos índios antes da colonização europeia.

O cozinheiro David Hertz também aposta no potencial da profissão para transformar a sociedade. Em 2004 ele criou a Gastromotiva, a primeira organização do Brasil a promover a inclusão social por meio da gastronomia. São cursos de 280 horas de capacitação para jovens de baixa renda, de 18 a 35 anos, que aprendem as habilidades básicas de cozinha, confeitaria, panificação e ecogastronomia, além de aulas de cidadania, postura profissional, higiene e segurança alimentar. Os cursos acontecem em universidades parceiras ou nas comunidades, como é o caso da cozinha montada no Complexo do Alemão, no Rio de Janeiro.

A Gastromotiva é constituída por uma rede de 64 restaurantes, no Rio, São Paulo e Salvador. Esses estabelecimentos ajudam a custear os cursos e empregam boa parte dos jovens formados. Cozinheiros profissionais atuam como professores, como já aconteceu com Jan Santos e Thiago Flores. O renomado Alex Atala participou de um curso básico de culinária oferecido na Penitenciária Feminina de Sant'Ana, em São Paulo. O sucesso da Gastromotiva conferiu a David Hertz, em 2012, a nomeação como Young Global Leader, pelo Fórum Econômico Mundial. Este reconhecimento é concedido aos empreendedores entre 30 e 40 anos por seus notáveis projetos, compromisso com a sociedade e potencial para contribuir para um futuro melhor.

VOCAÇÕES

FORMAÇÃO NO PONTO CERTO

De acordo com uma pesquisa do Ministério da Educação (MEC) de 2011, um terço dos alunos de Gastronomia abandona o curso. É uma média alta, principalmente por se tratar de um curso de curta duração, geralmente de dois anos. Para se ter uma ideia, essa é a taxa aproximada de evasão dos cursos de Medicina, que chegam a durar três vezes mais. O motivo da desistência pode ter a ver com o choque entre a idealização da profissão e o que ela é de fato: uma atividade fisicamente exigente, que requer trabalho em equipe e que implica em grande responsabilidade.

Mas hoje em dia, com tanta informação disponível, não é difícil evitar desilusões e avaliar se esse é realmente o caminho a seguir. Fez muito sucesso o livro *Cozinha confidencial – uma aventura nas entranhas da culinária*, do famoso chef Anthony Bourdain, no qual ele conta "a vida como ela é". Além disso, vale pensar que a profissão não se resume a virar chef. O mercado da alimentação é gigantesco e pode oferecer outras opções.

Se o destino desejado é tornar-se cozinheiro profissional, há várias opções em termos de formação. No Brasil, um dos cursos superiores mais respeitados é o do Senac, nas unidades de São Paulo, Águas de São Pedro e Campos do Jordão. Também na capital paulista, o curso da Universidade Anhembi Morumbi é uma referência no país. Atualmente, há faculdades de gastronomia em vários estados brasileiros, em universidades públicas e particulares, onde o aluno sai formado como bacharel ou tecnólogo, dependendo do curso. No Rio de Janeiro, a Universidade Estácio oferece um curso superior em parceria com a Alain Ducasse Formation, a escola do grande chef francês. Vale conferir também, em São Paulo, a Escola da Arte Culinária Laurent, do chef Laurent Suaudeau.

Para quem pode investir em uma formação no exterior, as escolas mais célebres são as francesas Le Cordon Bleu, fundada em 1895; a Ferrandi, criada em 1920 e ligada à Câmara de Comércio e Indústria de Paris; e o Instituto Paul Bocuse, na cidade de Lyon. Nos Estados Unidos, o The French Culinary Center, criado em Nova Iorque, em 1984, hoje chama-se International Culinary Center e tem um campus também em Campbell, na Califórnia. Já o Culinary Institute of America, igualmente respeitado, tem unidades em Nova York, no

Napa Valley (Califórnia), em San Antonio (Texas) e em Singapura. Na América Latina, uma excelente opção é o Instituto Argentino de Gastronomia, em Buenos Aires.

PARA SABER MAIS SOBRE O UNIVERSO PROFISSIONAL DOS COZINHEIROS

LIVROS:

Cartas a um jovem chef – caminhos no mundo da cozinha, de Laurent Suaudeau (Editora Campus, 2004)

Cozinha confidencial – uma aventura nas entranhas da culinária, de Anthony Bourdain (Cia das Letras, 2001)

D.O.M. – Redescobrindo ingredientes brasileiros, de Alex Atala (Editora Melhoramentos, 2013)

História da alimentação, de Jean-Louis Flandrin e Massimo Montanari (Estação Liberdade, 1998)

The professional chef, do The Culinary Institute of America (The Culinary Institute of America, 2011)

SITES:

http://www.theworlds50best.com/

http://infood.com.br/

http://www.gastronomiaverde.com.br

http://www.madfeed.co/

http://basilico.uol.com.br

http://www.abaga.com.br

BIBLIOGRAFIA E FONTES:

"1º Censo de tatuagem do Brasil", revista *SuperInteressante*, ed. 330, março de 2014.

AGUIAR, Titta. *Personal stylist: guia prático para consultores de imagem*. São Paulo: Editora Senac, 2006.

AGUILHAR, Lígia. "Feito por mulheres: Jout Jout, Prazer!" *O Estado de S. Paulo*, 21/07/2015.

ANCINE. Anuário Estatístico do Cinema Brasileiro – 2014, ANCINE, 2014.

ANTUNES, Anderson. "Forget the Bossa Nova, Brazil is now the country of Eletronic Music". *Revista Forbes*, edição eletrônica de 27/02/2012. Disponível em: www.forbes.com.br. Último acesso: julho de 2016.

ARAÚJO, Bernardo. "Game brasileiro Aritana será lançado exclusivamente para Xbox One", G1, 04/03/2015.

ARAÚJO, Leusa. *Tatuagem, piercing e outras mensagens do corpo*. São Paulo: Editora Cosac Naify, 2005.

ASSEF, Claudia. *Todo DJ já sambou*. São Paulo: Editora Conrad, 2010.

ATALA, Alex. *D.O.M. – Redescobrindo ingredientes brasileiros*. São Paulo: Editora Melhoramentos, 2013.

"Como surgiu a tatuagem", Revista *Mundo Estranho* (edição eletrônica s/d).

COSCELLI, João. "Piada, 'V de Vinagre' vira jogo no Facebook". *O Estado de S. Paulo*, edição eletrônica de 16/06/2013. Último acesso em: julho de 2016.

BOURDAIN, Anthony. *Cozinha confidencial – uma aventura nas entranhas da culinária*. São Paulo: Cia das Letras, 2001.

BRANDÃO, Tulio. *Gabriel Medina*. Rio de Janeiro: Primeira Pessoa (Editora Sextante), 2015.

BREWSTER, Bill e BROUGHTON, Frank. *Last night a DJ saved my life*. Nova Iorque: Grove Press, 1999.

CAMPOS, Mateus. "YouTube recruta Jout Jout para projeto sobre 'empoderamento' feminino", *O Globo*, 03/03/2016.

CASCARDO, Ana Beatriz. Graffiti contemporâneo: o consumo assumido. Artigo para o IV Encontro de História da Arte, IFCH/Unicamp, 2008.

CATANHEDE, Rosane. Grafite/pichação: circuitos e territórios na arte de rua, IACS/UFF, dissertação de mestrado, 2012.

CATMULL. Ed. *Criatividade S.A.*. Rio de Janeiro: Editora Rocco, 2015.

DIAS, Raphael. GAMEDEV – *Fazendo carreira no mundo dos jogos digitais*, e-book, 2014.

DIAS, Tiago. "Autor de trilhas sonoras, brasileiro conquista EUA e compõe para 'Amy'", site UOL, 17/04/2015. Disponível em: http://cinema.uol.com.br. Último acesso: julho de 2016.

"Do coletivo à produtora", *Revista de Cinema*, 24/06/2015.

DOMINGUES, Marina. "Camila Coutinho: Blogueira SA", *O Estado de S. Paulo*, 23/10/2014.

DORNELLES, Juliano. O fenômeno vlog no YouTube – Análise de conteúdo de vloggers brasileiros de sucesso, PUC-RS, 2015.

DUAIK, Pérsis. *Jogos Digitais: Como fazê-los?*, e-book, 2015.

DUARTE, Sara. "Mariana Caltabiano encontra o sucesso como diretora de filmes infantis", *Veja SP*, 18/09/2009.

FERRARI, Nyle. "Rainha do brejo", *Revista Trip*, 16/02/2016.

FIRJAN. Mapeamento da Indústria Criativa, dezembro de 2014. Disponível em: http://www.firjan.com. br/EconomiaCriativa. Último acesso em: julho de 2016.

FISHBERG, Josy. "Quem são os jovens que hipnotizam milhões de adolescentes na internet". *O Globo*, 12/07/2015.

FLANDRIN, Jean-Louis e MONTANARI, Massimo. *História da alimentação*. São Paulo: Editora Estação Liberdade, 1998.

FRANCO, Marina. "WeTopia: game online doa dinheiro para campanhas do mundo real", revista *SuperInteressante*, edição eletrônica de 05/12/2011. Disponível em: http://super.abril.com.br. Último acesso em: julho de 2016.

FRANCO, Sérgio Miguel. Iconografias da metrópole: grafiteiros e pichadores representando o contemporâneo, FAU/USP, dissertação de mestrado, 2009.

"Game brasileiro é finalista pela 1ª vez do principal prêmio do BIG Festival", G1, 14/05/2015. Disponível em: http://g1.globo.com. Último acesso em: julho de 2016.

GANZ, Nicholas. *O mundo do graffiti: arte urbana dos cinco continentes*. Rio de Janeiro: Editora Martins Fontes, 2010.

GIACOMELLI, Felipe. "Com 1 bilhão de acessos, brasileiro leva R$ 1 milhão por ano no YouTube". *Folha de São Paulo*, 09/09/2015.

GIANINI, Tatiana. "Comer, beber, prosperar", revista *Exame*, 31/01/2011.

GILBERT, Steve. *Tattoo history: a source book*. Nova Iorque: Juno Books, 2000.

GITAHY, Celso. *O que é graffiti*. São Paulo: Editora Brasiliense, 1999.

GOMES, Andréia Prieto. *História da animação brasileira*, Centro de Análise do Cinema e do Audiovisual / UERJ, 2008.

GUERRA, Cris. "Jornalistas, blogueiros, jornaleiros e bloguistas". Blog *Hoje vou assim* 08/06/2012. Disponível em: http://www.crisguerra.com.br. Último acesso: julho de 2016.

HARRIS, Blake. *A guerra dos consoles – Sega, Nintendo e a batalha que definiu uma geração*. Rio de Janeiro: Editora Intrínseca, 2015.

"História do cinema brasileiro", site do Ministério das Relações Exteriores, sem data. Disponível em: http://dc.itamaraty.gov.br. Último acesso em: julho de 2016.

HONSHA, Gisele. *A profissionalização dos blogs brasileiros: um estudo sobre as dinâmicas promocionais na blogosfera*, UFRGS, 2009.

IBGE, 1º Censo da Indústria Brasileira de Jogos Digitais, Grupo de Estudos e Desenvolvimento da Indústria de Games, Núcleo de Política e Gestão Tecnológica / USP, fevereiro de 2014.

JESUS, Aline. "YouTube Spaces ganha sede no Brasil; conheça os estúdios de São Paulo", *TechTudo*,

27/10/2014. Disponível em: http://www.techtudo.com.br. Último acesso: julho de 2016.

"Jout Jout e outras mulheres incríveis participam de projeto global inédito do YouTube". Site M de Mulher, 02/03/2016. Disponível em: http://mdemulher.abril.com.br. Último acesso: julho de 2016.

JÚNIOR, Alberto Lucena. *Arte da animação*. São Paulo: Editora do Senac, 2002.

KOSTER, Raph. *The theory of fun for game design*. Phoenix: Paraglyph Press, 2004.

"Le Cordon Bleu Brasil prepara lançamento de cursos para 2016", site Infood, 10/08/2015. Disponível em: Infood.com.br. Último acesso: julho de 2016.

LEITE, Sávio. *Subversivos – O desenvolvimento do cinema de animação em Minas Gerais*. Belo Horizonte: Editora Favela é isso aí, 2013.

"Marcelo CIC fala sobre carreira e produção musical", site Rio Music Conference, 20/07/2011. Disponível em http://www.riomusicconference.com.br. Último acesso em: julho de 2016.

"Marcio Silva – O Buzina Food Truck é um grito de liberdade", site Infood, 13/07/2015. Disponível em: http://infood.com.br. Último acesso em: julho de 2016.

MARQUES, Toni. *O Brasil tatuado e outros mundos*. Rio de Janeiro: Editora Rocco, 1997.

MASTROCOLA, Vicente. *Game Design: Modelos de negócio e processos criativos*. São Paulo: Cengage Learning, 2015.

"Mercado de jogos eletrônicos cresce no Brasil e gera empregos na área", G1, 15/07/2013. Disponível em: http://g1.globo.com. Último acesso em: julho de 2016.

MILLER, Rosa. *Tatuando histórias – Os bastidores de um estúdio de tatuagem*. São Paulo: Editora Baraúna, 2012.

Ministério das Relações Exteriores. História do cinema brasileiro, Departamento Cultural / MRI, sem data.

"No Brasil quase 60% das pessoas estão conectadas à Internet, afirma novo relatório da ONU", ONU Brasil, 21/09/2015. Disponível em: http://nacoesunidas.org. Último acesso em: julho de 2016.

"O chef da inclusão – David Hertz encontrou sua receita de felicidade: ajudar jovens carentes a pilotar a própria vida", site *Planeta Sustentável*, Editora Abril, janeiro de 2013. Disponível em: http://planetasustentavel. abril.com.br. Último acesso em: julho de 2016.

"O empreendedorismo de Paulo Santos e os pianos de SP visitados por Alessa Camarinha". Portal Imprensa, 02/10/2013. Disponível em: www.portalimprensa.com.br. Último acesso em: julho de 2016.

"O mercado de food truck – a evolução da comida de rua", site *Infood*, 04/08/2015. Disponível em: http://infood.com.br. Último acesso em: julho de 2016.

ORRICO, Alexandre. "YouTube abre estúdio gratuito em SP", *Folha de São Paulo*, 26/10/2014.

"Os sete brasileiros que já venceram o mundial em casa", site da RedBull, s/d. Disponível em: http://www. redbull.com/br/pt. Último acesso em: Julho de 2016..

PACCE, Lílian. "Blogueira e empresária: Camila Coutinho". Lílian Pacce, 17/12/2013. Disponível em: http://www.lilianpacce.com.br. Último acesso em: julho de 2016.

PARAIZO, Lucas. *Palavra de roteirista – Conversas com 20 autores do cinema brasileiro*. São Paulo: Editora Senac, 2015.

"Para se vestir bem é fundamental se conhecer, diz consultora de imagem". *Zero Hora*, 07/09/2009.

PECHI, Daniele. "Rede Bazzar cresce com marca própria de alimentos", revista *Exame*, 10/01/2013.

PLUT, Adriana. "Para fundador do Anima Mundi, uso de animações para retratar eventos reais é tendência forte", *O Estado de S. Paulo*, 13/08/2013.

RALSTON, Ana Carolina. "Nova geração de jovens tatuadores cria verdadeiras obras de arte na pele", revista *Marie Claire*, 17/01/2013.

RAMOS, Célia Maria Antonacci. *Grafite, Pichação & Cia*. São Paulo: Editora Annablume, 1994.

RAMOS, Célia Maria Antonacci. *Teorias da tatuagem*. Florianópolis: Editora da Udesc, 2001.

Rio de Janeiro se prepara para receber a primeira unidade brasileira da Le Cordon Bleu, site *Infood*, 01/05/2015. Disponível em: http://infood.com.br. Último acesso em: julho de 2016.

ROGERS, Scott. Level Up: *Um guia para o design de grandes jogos*. São Paulo: Editora Blucher, 2013.

ROTHMAN, Lauren. *A bíblia do estilo: o que vestir para o trabalho*. Rio de Janeiro: Editora Best Seller, 2014.

SEBRAE. *O crescente mercado da animação no Brasil*. Boletim SEBRAE, 14/08/2014.

SILVA, Luciana Rodrigues. *O cinema digital e seus impactos na formação em cinema e audiovisual*, Escola de Comunicações e Artes / USP, 2012.

STREIT, Maíra. "Conheça o fenômeno Jout Jout, Prazer", Revista *Fórum*, 03/06/2015. Disponível em: www.revistaforum.com.br. Último acesso em: julho de 2016.

SUAUDEAU, Laurent. *Cartas a um jovem chef – caminhos no mundo da cozinha*. Rio de Janeiro: Editora Campus, 2004.

TREFAUT, Maria da Paz. "Temporada de Carême", revista *Época*, edição eletrônica, s/d. Disponível em: http://revistaepoca.globo.com/Revista/Epoca. Último acesso em: julho de 2016.

Walbercy Ribas, blog *Brasil Anima*, 21/08/2011. Disponível em: www.brasilannima.blogspot.com.br. Último acesso em: julho de 2016.

WeTopia: brasileiro no Vale do Silício lança social game para fazer um mundo melhor para as crianças, *Startupi*, 07/12/2011. Disponível em: http://startupi.com.br. Último acesso em: julho de 2016.

"Vetada regulamentação da profissão de DJ", Agência Senado, 15/06/2015. Disponível em: http://www12.senado.leg.br. Último acesso em: julho de 2016.

ZAMBARDA, Pedro. "Jogos podem ser pedagógicos", diz coordenador da ONG Repórter Brasil, *Techtudo*, 21/05/2014. Disponível em: www.techtudo.com.br. Último acesso em: julho de 2016.

ZAMBARDA, Pedro. "Conheça, por dentro, a empresa Aquiris Game Studio de Porto Alegre", site *Geração Gamer*, 30/11/2014. Disponível em: https://geracaogamer.com. Último acesso em: julho de 2016.

CRÉDITOS DE IMAGENS:

PÁG.	CRÉDITO
10	Gustavo Malheiros
13	Private Collection Prismatic Pictures/ Bridgeman Images
14	Jagdish Agarwal/ Getty Images
17	Bettmann/ Getty Images
18	Rafael Firmino
20	Murillo Mendes
22-23	Rafael Firmino
24	Gustavo Malheiros
28	Rafael Firmino
30	Gustavo Malheiros
34-35	Gustavo Malheiros
36	Andrew Hasson/ Alamy/ Latinstock
38-39	Deive Coutinha/ D. Couth
40	Gustavo Malheiros
42-43	Gustavo Malheiros
44	Acervo pessoal/ Carlos Bobi
46	Jim Dyson/ Getty Images
49	Leon Neal/ AFP/ Getty Images
50	Heudes Regis
53	Alan Teixeira
54-55	Acervo pessoal / Eduardo Kobra
56	Gustavo Malheiros
60-61	Galeria Movimento
62	Acervo pessoal/ Carlos Bobi
64-65	Acervo pessoal/ Carlos Bobi
66	Gustavo Malheiros
68-69	Acervo pessoal/ Eduardo Kobra
70	Gutá

PÁG.	CRÉDITO
73	D. Dipasupil/ FilmMagic/ Getty Images
74-75	Divulgação/ Green Valley
78-79	Divulgação/ Green Valley
80	Fabrizio Pepe
85	Filipe Miranda
89	Ribas
90	Muriel Prieto
93	Muriel Prieto
95	Divulgação
96-97	Antonio Luiz Hamdan/ Getty Images
98	MJ Kim/ Equipa/ Getty Images
101	Cinemateca Brasileira
102	Acervo pessoal/ Marcelo Marão
107	Marco Santiago/ ND
108	Maria Haddock Lobo
112	Leandro Bugni
113	Leandro Bugni
116-117	Buriti Filmes/ Gullane
119	Alfred Eisenstaedt/ The LIFE Picture Collection/ Getty Images
121	George Pimentel/ Getty Images/ 20th Century Fox Films
122-123	D. Bouchet/ CITIA
124	Aliocha Merker
127	RDA/ Rue des Archives/ Latinstock
129	Album Cinema/ Latinstock
130	Roberto Setton
136	Roberto Setton
138	Aliocha Merker

PÁG.	CRÉDITO	PÁG.	CRÉDITO
142-143	Aliocha Merker	220	Tang Ming Tung/ Getty Images
147	Dan Behr	223	Renato Parada
153	Blend Images/ Getty Images	225	Beto Moraes
154	Gregory Boissy/ AFP/ Getty Images	226	Kirstin Sinclair/ Getty Images
157	Cezar Loureiro/ Agência O Globo	229	Divulgação
159	Norio Koike/ ASE	230	Bruno Maluf
160	Gustavo Malheiros	233	Bruno Maluf
165	Yan Nick	236	Divulgação
166	Ricardo Leizer/ Foto Arena	240	Caio Franco
171	Maindru	243	Caio Franco
173	James Law/ Zuffa LLC/ Getty Images	246	Daniel Thierry/ Photononstop/ Latinstock
175	Christian Pondella/ Getty Images	249	Gary Weaser/ Keystone/ Getty Images
176	Hyset	253	Michell Santana
181	Luca Bassani	256	Marcio Amaral
182-183	Hyset	260	Fabio Kotinda
184	Hilton Ribeiro	263	Michell Santana
187	Hilton Ribeiro	264	Feco Hamburguer
189	Acervo pessoal/ Bruna Tomaselli	267	Michell Santana
190	Beth Perkins / Getty Images	270	Leandro Bugni
193	MIT Museum	273	Sergio Coimbra
196	Eduardo de Guimaraes Romeiro	275	Leandro Bugni
202	Guto Mori	276	Gustavo Malheiros
205	Divulgação	278	Tomas Rangel
206	Divulgação	282	Alexandre Landau
208	Mauro Sarri	285	Rodrigo Azevedo
211	Divulgação	287	Divulgação
212-213	Israel Mendes	288	Renato Aguiar
215	Kevork Djansezian/ Getty Images	291	Leandro Bugni
219	Krisztian Bocsi/ Bloomberg/ Getty Images	294-295	Leandro Bugni

302

CARLA SIQUEIRA

Jornalista e doutora em História Social da Cultura pela PUC-Rio. É pesquisadora da TV Globo e professora do Departamento de Comunicação Social da PUC-Rio. Faz também pesquisa para cinema. Entre seus principais trabalhos nessa área, estão os filmes *Cidade de Deus*, de Fernando Meirelles; *Cássia*, de Paulo Henrique Fontenelle; *Tancredo, a Travessia*, de Silvio Tendler; e *Jorge Mautner, o Filho do Holocaus*to, de Pedro Bial e Heitor D'Alincourt.